FALÁCIAS DA JUSTIÇA SOCIAL

OUTROS LIVROS ESCRITOS POR THOMAS SOWELL:

Economia Básica

Wealth, Poverty and Politics

Os Intelectuais e a Sociedade

Charter Schools and Their Enemies

Conflito de Visões

THOMAS SOWELL

AUTOR DE *ECONOMIA BÁSICA*

FALÁCIAS DA JUSTIÇA SOCIAL

ALTA BOOKS
GRUPO EDITORIAL
Rio de Janeiro, 2024

Falácias da Justiça Social

ISBN: 978-85-508-2427-7

Alta Cult é uma Editora do Grupo Editorial Alta Books.

Translated from original Social Justice Fallacies © 2023 by Hachette Book Group. ISBN 978-1541603929. This translation is published and sold by Thomas Sowell, the owner of all rights to publish and sell the same. PORTUGUESE language edition published by Starlin Alta Editora e Consultori Eireli, Copyright © 2024 by STARLIN ALTA EDITORA E CONSULTORIA LTDA.

Impresso no Brasil — 1ª Edição, 2024 — Edição revisada conforme o Acordo Ortográfico da Língua Portuguesa de 2009.

Dados Internacionais de Catalogação na Publicação (CIP)
(Câmara Brasileira do Livro, SP, Brasil)

Sowell, Thomas
Falácias da justiça social / Thomas Sowell ; [tradução Vanessa Schreiner]. -- 1. ed. -- Rio de Janeiro : Alta Books, 2024.

Título original: Social justice fallacies
ISBN 978-85-508-2427-7

1. Antropologia 2. Igualdade social 3. Justiça social I. Título.

24-195340 CDD-301

Índices para catálogo sistemático:

1. Sociologia 301

Eliane de Freitas Leite - Bibliotecária - CRB 8/8415

Grupo Editorial Alta Books

Produção Editorial: Grupo Editorial Alta Books
Diretor Editorial: Anderson Vieira
Editor da Obra: José Ruggeri
Vendas Governamentais: Cristiane Mutüs
Gerência Comercial: Claudio Lima

Produtor Editorial: Thiê Alves
Tradução: Vanessa Schreiner
Copidesque: João Guterres
Revisão: Maria Rodrigues
Diagramação: Natalia Curupana

ALTA BOOKS
GRUPO EDITORIAL

Rua Viúva Cláudio, 291 — Bairro Industrial do Jacaré
CEP: 20.970-031 — Rio de Janeiro (RJ)
Tels.: (21) 3278-8069 / 3278-8419
www.altabooks.com.br — altabooks@altabooks.com.br
Ouvidoria: ouvidoria@altabooks.com.br

Editora **afiliada à:**
abdr
ASSOCIADO CBL Câmara Brasileira do Livro

"Você tem direito à sua própria opinião, mas não aos seus próprios fatos."

Daniel Patrick Moynihan

SUMÁRIO

Capítulo 1

FALÁCIAS DE "OPORTUNIDADES IGUAIS"

No século XVIII, Jean-Jacques Rousseau expressou a essência da ideia de justiça social quando escreveu sobre "a igualdade que a natureza estabeleceu entre os homens e a desigualdade que eles instituíram entre si".[1] No mundo vislumbrado por Rousseau, todas as classes, raças e outras subdivisões da espécie humana teriam as mesmas chances em todos os tipos de esforços — *se todos os outros fatores fossem iguais*. Mas quanto mais coisas houver influenciando os resultados, menores serão as chances de todas essas coisas serem iguais.

No mundo real, raramente acontece algo parecido com resultados iguais que poderiam ser esperados se todos os fatores que afetam esses resultados fossem os mesmos para todos. Mesmo em uma sociedade com oportunidades iguais — no sentido de julgar cada pessoa segundo os mesmos padrões —, pessoas com origens diferentes não *querem* necessariamente fazer as mesmas coisas, muito menos investir seu tempo e sua energia no desenvolvimento dos mesmos tipos de habilidades e talentos.

Nos esportes norte-americanos, por exemplo, há uma super-representação de jogadores negros no basquete profissional, de jogadores brancos no tênis profissional e hispânicos na Major League Baseball. No hóquei profissional, esporte que tem mais times nos Estados Unidos do que no Canadá, há mais jogadores canadenses do que norte-americanos — embora a população dos Estados Unidos seja mais de oito vezes maior do que a do Canadá. Também há mais jogadores de hóquei da Suécia — que fica a quase 6.500km de distância dos EUA — na National Hockey League do que da Califórnia, embora a população da Califórnia seja quase quatro vezes maior do que a da Suécia.[2]

As diferenças climáticas estão entre as muitas outras coisas que não são iguais. Nas regiões de climas mais frios, em que os cursos d'água permanecem congelados durante meses a fio, há mais oportunidades para que mais pessoas desenvolvam habilidades de patinação no gelo, essenciais para jogar hóquei. No Canadá e na Suécia, há um predomínio desse tipo de clima, mais do que nos Estados Unidos em geral, ou na Califórnia em particular.

Portanto, as diferenças climáticas estão entre as inúmeras outras diferenças que podem facilitar o desenvolvimento de algumas capacidades em determinadas populações e impedir o desenvolvimento de outras.

No cerne da ideia de justiça social está a hipótese de que, como as disparidades econômicas e outras entre os seres humanos excedem em muito quaisquer diferenças em suas capacidades inatas, essas disparidades são evidências ou provas dos efeitos de vícios humanos como a exploração e a discriminação.

Esses vícios estão, de fato, entre as várias influências que impedem que diferentes grupos — sejam de classes, raças ou nações — tenham resultados iguais, ou até mesmo comparáveis, em termos econômicos ou em outros âmbitos. No entanto, os vícios humanos não são a única causa de disparidades econômicas, entre outras.

É especialmente difícil argumentar que se pode automaticamente presumir que as desigualdades apresentadas nos resultados foram causadas pela discriminação de uma maioria dominante contra uma minoria subordinada, quando, na verdade, muitas minorias subordinadas superaram economicamente as maiorias dominantes em diversos países do mundo e em vários períodos da história.

Um estudo sobre o Império Otomano, por exemplo, descobriu que nenhum dos 40 banqueiros privados listados em Istambul em 1912 era turco, embora os turcos governassem o Império. Tampouco nenhum dos 34 corretores de ações de Istambul era turco. Dos ativos de capital de 284 indústrias no Império Otomano, que empregavam 5 ou mais trabalhadores, 50% dessas empresas eram de propriedade de gregos e outros 20% eram de armênios.[3]

O Império Otomano não é, de maneira alguma, o único exemplo. As minorias raciais ou étnicas que eram proprietárias ou operavam mais da metade de indústrias inteiras em determinadas nações incluíam os chineses na Malásia,[4] os alemães no Brasil,[5] os libaneses na África Ocidental,[6] os judeus na Polônia,[7] os italianos na Argentina,[8] os indianos na África Oriental,[9] os escoceses na Grã-Bretanha,[10] os ibos na Nigéria,[11] e os marwaris na Índia.[12]

Por outro lado, podemos ler vários volumes de literatura sobre justiça social sem encontrar um único exemplo de representação proporcional de diferentes grupos em esforços abertos à competição — em qualquer país do mundo atual ou em qualquer momento ao longo dos milhares de anos de história registrada.

Entre os diversos fatores que podem impedir que *potencialidades* humanas iguais gerem *capacidades* igualmente desenvolvidas estão aqueles sobre os quais os seres humanos têm muito pouco controle — como a geografia[13] — e outros sobre os quais não têm controle algum, como o passado. Existem inúmeros fatores que podem criar chances distintas, alguns dos quais vale a pena analisar em detalhes.

Vamos começar com um exemplo extremamente mundano de uma desigualdade de capacidades mensurável: a maioria das principais marcas de cerveja nos Estados Unidos foi produzida por pessoas de ascendência alemã.[14] A cerveja Tsingtao, da China, foi igualmente produzida por pessoas de ascendência alemã.[15] Os alemães também têm se destacado entre os produtores de cerveja na Argentina,[16] no Brasil[17] e na Austrália.[18] Na Europa, a Alemanha é, há tempos, o principal produtor de cerveja.[19]

Acontece que, na época do Império Romano, os alemães já produziam cerveja.[20] Quando determinada população faz algo específico há mais de mil anos, é de se surpreender que ela tenda a ser mais bem-sucedida nesse esforço particular do que outras que não têm esse histórico?

Não estamos discutindo o potencial inato para realizar esforços em geral; estamos falando de *capacidades desenvolvidas* para produzir coisas bastante específicas. Qualquer que tenha sido a combinação de circunstâncias que levou os alemães a começar a fabricar cerveja nos tempos antigos, as habilidades que eles desenvolveram ao longo dos muitos séculos desde então são um fato da vida atual. O mesmo se aplica a outros grupos de pessoas que desenvolveram habilidades especiais em outros esforços específicos no passado. Uma das muitas coisas sobre as quais nenhuma pessoa, instituição e sociedade tem controle é o passado. O passado é irrevogável. E, de acordo com um notável historiador: "Nós não vivemos no passado, mas o passado vive em nós."[21]

Os alemães não são, de maneira alguma, os únicos que fazem determinadas coisas melhor do que muitos outros povos. Por exemplo, é comum ouvir as pessoas falarem da culinária "francesa" ou "italiana". No entanto, elas raramente — ou nunca — falam da culinária "alemã" ou da "inglesa". No entanto, são todas populações de origem europeia. Roma e Berlim estão, mais ou menos, à mesma distância uma da outra do que Nova York e Chicago; enquanto Londres e Paris estão mais próximas uma da outra do que Los Angeles e São Francisco.

A questão que queremos abordar é que, em relação a certos esforços, as circunstâncias podem parecer bastante semelhantes, porém envolvem histórias, culturas e resultados muito diferentes. É comum existir grupos específicos de pessoas com habilidades particulares em determinados tipos de esforços; isso tem acontecido ao longo dos séculos e em países de todo o mundo.[22] Mesmo que dois grupos vivam em ambientes nitidamente idênticos atualmente, qual seria a probabilidade de terem tido as mesmas influências do ambiente ao longo de todos os milênios de existência humana?

Há muito tempo, os escoceses são reconhecidos internacionalmente pela qualidade do uísque que produzem, assim como os franceses o são por seus vinhos. No entanto, os escoceses não podem se igualar aos franceses na produção de vinho, porque as uvas que crescem na França não conseguem se desenvolver no clima mais frio da Escócia. Não existe nenhum motivo para esperar que os escoceses se igualem aos franceses na produção de vinho — ou que qualquer um desses povos se iguale aos alemães na produção de cerveja.

Nem raça, nem racismo, nem qualquer outra forma de discriminação é necessária para explicar essas desigualdades recíprocas. Tampouco as pessoas que invocam automaticamente vieses discriminatórios para explicar resultados desiguais conseguiram citar qualquer país, em qualquer lugar do mundo, que tenha tido a representação demográfica proporcional que eles colocaram como critério.

DESIGUALDADES RECÍPROCAS

Embora não seja comum haver resultados iguais em esforços iguais entre diferentes grupos de pessoas, é comum haver *desigualdades recíprocas* entre grupos em esforços diferentes. A igualdade entre diferentes grupos de seres humanos — pressuposta por aqueles que consideram as disparidades nos resultados uma evidência ou prova de preconceito discriminatório — pode muito bem ser verdadeira no que diz respeito às potencialidades inatas. Mas as pessoas não são contratadas ou pagas por suas potencialidades inatas. Elas são contratadas, pagas, admitidas em faculdades ou aceitas em outros cargos desejados com base em suas *capacidades desenvolvidas*, relevantes para determinado esforço. Nesses termos, as desigualdades recíprocas podem sugerir potencialidades iguais sem fornecer qualquer base para esperar resultados iguais.

No entanto, até mesmo os grupos com atraso em muitos tipos de conquistas tendem a ter alguns esforços específicos em que não apenas conseguem se manter, mas também *se destacar*. Os grupos de pessoas sem formação educacional, por exemplo, podem ficar para trás em muitos outros esforços, para os quais é essencial ter uma formação; no entanto, esses grupos geralmente atrasados muitas vezes se destacam em esforços nos quais o talento pessoal e a dedicação são fatores essenciais. Os esportes e o entretenimento estão entre eles há muito tempo, nos quais grupos norte-americanos que saíram da pobreza, como os irlandeses, os negros e os brancos sulistas, alcançaram grandes conquistas.[23]

Embora seja difícil encontrar igualdade entre os grupos, seja em termos de renda ou de capacidade, também é difícil encontrar qualquer grupo étnico, ou outro grupo social grande, que não tenha nenhum esforço em que esteja acima da média.

As desigualdades recíprocas são abundantes, mesmo quando não há igualdade. Conforme vimos, diferentes grupos étnicos dominam esportes norte-americanos distintos. Uma consequência disso é que o grau de desigualdade da representação do grupo nos esportes norte-americanos como um todo não é tão grave quanto em cada esporte individual. Um princípio semelhante se aplica, por motivos semelhantes, em outros esforços, devido a desigualdades recíprocas.

Se olharmos para as pessoas ricas e o histórico no comércio e na indústria, por exemplo, podemos encontrar uma representação muita mais ampla de judeus entre os líderes de varejo, de finanças e da produção e venda de vestuário do que na indústria siderúrgica, na produção de automóveis ou na mineração de carvão.

Assim como ocorre nas profissões, os grupos cuja representação é semelhante nas profissões como um todo podem ter representações diferentes em profissões específicas, como engenharia, medicina ou direito. Não há, necessariamente, uma concentração maior de profissionais asiático-americanos do que de irlandês-americanos exercendo as mesmas profissões.

Devido às desigualdades recíprocas, quanto mais restrito for o esforço, menor será a probabilidade de os diferentes grupos serem representados de maneira comparável. Mesmo assim, os defensores da justiça social frequentemente condenam a representação desigual de grupos em uma empresa individual como evidência ou prova de discriminação por parte do empregador nessa empresa específica.

Quando populações diferentes evoluem de maneira diversa em ambientes e condições extremamente distintas, elas podem desenvolver talentos diferentes que geram desigualdades recíprocas de conquistas em uma ampla gama de esforços sem necessariamente gerar igualdade, ou mesmo comparabilidade, em qualquer um desses esforços. Essas desigualdades recíprocas não corroboram nem as teorias do determinismo genético, nem dos preconceitos discriminatórios como justificativas automáticas para as desigualdades.

Muitas suposições e frases encontradas na literatura sobre o tema justiça social são repetidas incessantemente *sem nenhum teste empírico*. Quando as mulheres estão estatisticamente "sub-representadas" no Vale do Silício, por exemplo, algumas pessoas automaticamente presumem que isso se deve à discriminação sexual por parte dos empregadores daquele local. Acontece que o trabalho realizado nas empresas localizadas nessa região baseia-se na aplicação de habilidades de engenharia, inclusive de software de computadores, e as mulheres norte-americanas representam *menos de 30%* dos graduandos em engenharia, seja em nível universitário ou de pós-graduação.[24]

Quando os homens norte-americanos representam *menos de 20%* dos graduandos em educação e apenas 22% e 32% dos pós-graduandos em mestrado e doutorado, respectivamente, nessa mesma área de estudo,[25] seria surpreendente o fato de os homens estarem sub-representados na profissão de docente e as mulheres na área de engenharia?

Comparar a representação estatística de mulheres e homens em qualquer uma dessas ocupações é como comparar maçãs e laranjas, um vez que as áreas de ensino são muito diferentes. As decisões relacionadas ao ensino e à especialização em geral são tomadas individualmente, anos antes de as mulheres ou os homens chegarem até um empregador e iniciarem sua carreira profissional.

Uma questão mais geral surge quando a renda das mulheres como um todo é comparada com a dos homens como um todo. Isso deixa de lado muitas diferenças específicas nos padrões de vida de homens e mulheres.[26] Uma das diferenças mais básicas é que elas trabalham em tempo integral e durante todo o ano com muito menos frequência do que eles. Os dados do Census Bureau dos EUA mostram que, em 2019, havia 15 milhões de homens a mais do que mulheres trabalhando em tempo integral durante todo o ano.[27] Os padrões de trabalho delas incluem mais trabalho em tempo parcial e alguns anos inteiros em que muitas delas ficam totalmente fora da força de trabalho, geralmente por ficarem em casa cuidando de crianças pequenas.[28]

Quando essas e outras diferenças nos padrões de trabalho são consideradas, as diferenças de renda entre homens e mulheres diminuem drasticamente e, em alguns casos, até se invertem.[29] Já em 1971, por exemplo, as mulheres solteiras na faixa dos 30 anos de idade que haviam trabalhado sem intervalos anuais desde que saíram da escola ganhavam um pouco *mais* do que os homens com essa mesma descrição profissional.[30]

Quando existem diferenças estatísticas na representação de diversos grupos étnicos, os diferentes padrões dentro desses grupos também são frequentemente ignorados. Um exemplo clássico de equiparação de diferenças na representação demográfica com discriminação por parte do empregador foi uma manchete em um jornal de São Francisco:[31]

Por que os negros e os latinos ainda são excluídos do setor de tecnologia?

Os asiáticos são "excluídos" do basquete profissional ou os californianos o são na NHL? Será que a representação demográfica igualitária é tão difundida ou automática em outros esforços que sua ausência em um esforço específico só pode ser devida ao fato de alguém ter excluído determinadas pessoas?

Assim como no caso das diferenças de sexo na representação demográfica em um esforço na área de engenharia, as diferenças étnicas nas qualificações educacionais para uma carreira nessa área são gritantes. Há mais asiático-americanos com formação universitária em engenharia do que negros ou hispânicos[32], sendo que cada um desses grupos supera o número de asiático-americanos na população dos EUA. Em nível de PhD, o número de asiático-americanos com doutorado em engenharia supera o total de negros e hispânicos com doutorado nessa mesma área de ensino.[33]

Essa disparidade étnica nos cursos de engenharia não é, de maneira alguma, algo que acontece apenas nos Estados Unidos. Na Malásia, durante a década de 1960, 408 membros da minoria chinesa se formaram em engenharia, comparado a apenas 4 dos membros da maioria malaia.[34]

Contrastar os esforços de diferentes grupos étnicos, novamente, é o mesmo que comparar maçãs e laranjas em termos de ensino especializado ou outros treinamentos especializados. Nessas circunstâncias, a igualdade de oportunidades — no sentido de aplicar os mesmos padrões a todas as pessoas — não gera resultados iguais, mesmo que ninguém seja "excluído". Não há como os chineses que estão na Malásia "excluírem" os estudantes malaios em universidades administradas por malaios e sujeitas à autoridade do governo malaio, também administrado por malaios.

O padrão de "impacto díspar", usado pelos tribunais para determinar a discriminação por parte do empregador, pressupõe implicitamente algo que ninguém parece encontrar em lugar algum: uma representação demográfica igual de grupos de pessoas diferentes. Diversos estudos acadêmicos internacionais constataram disparidades graves comuns a países do mundo todo.[35] Um desses estudos concluiu que: "Em nenhuma sociedade todas as regiões e todas as partes da população se desenvolveram igualmente."[36]

No entanto, alguns juízes da Suprema Corte dos Estados Unidos aceitaram as estatísticas de "impacto díspar" como evidência ou prova de discriminação por parte do empregador, embora a própria Suprema Corte tenha apresentado disparidades estatísticas mais extremas do que as utilizadas para acusar os empregadores de discriminação. Por oito anos consecutivos — de 2010 a 2017 — todos os juízes da Suprema Corte eram católicos ou judeus,[37] em um país onde o número de protestantes supera o daqueles grupos juntos.[38] Contudo, um dos motivos mais óbvios para duvidar de qualquer intenção negativa ou conspiração é que esses juízes foram nomeados por presidentes de ambos os partidos políticos, sendo todos eles protestantes.

Nada disso nega que os preconceitos do empregador sejam um fator que pode ser, e tem sido, responsável por algumas disparidades nos resultados da empregabilidade. Mas o preconceito não é o único responsável por não haver "chances iguais" para todas as pessoas; há muitos aspectos envolvidos.

ORIGENS DAS DESIGUALDADES

A questão de saber se distintos grupos sociais têm capacidades iguais ou não em diversos esforços é muito diferente da questão de saber se as desigualdades raciais ou sexuais criam um potencial mental inerentemente diferente determinado pelos genes. O pressuposto do determinismo genético que reinou sublime entre os intelectuais norte-americanos da era progressista no início do século XX é uma questão irrelevante nesse contexto, embora seja abordado no Capítulo 2 e tenha sido tratado mais extensivamente em outros lugares.[39]

Se presumirmos, para fins de argumentação, que todo grupo social — ou mesmo todo indivíduo — tem o mesmo potencial mental no momento de sua concepção, isso ainda não seria suficiente para sequer garantir a mesma "inteligência nativa" no nascimento, muito menos capacidades igualmente desenvolvidas após crescer em circunstâncias desiguais e/ou ser culturalmente orientado para objetivos distintos em áreas diferentes.

Desigualdades Entre Indivíduos

A desigualdade de circunstâncias começa no útero. Pesquisas demonstraram que a variação nutricional entre mulheres grávidas se refletiu em diferenças de QI entre seus filhos no futuro, quando essas crianças tinham idade suficiente para serem testadas.[40] A ingestão de diversas substâncias por parte das mães pode ter efeitos positivos ou negativos sobre o QI e o bem-estar geral da criança.[41]

Mesmo em ambientes que poderíamos razoavelmente esperar encontrar uma maior igualdade de capacidades desenvolvidas — entre crianças nascidas dos mesmos pais e criadas no mesmo lar —, pesquisas que remontam ao século XIX e incluem países de ambos os lados do Atlântico mostraram que os primogênitos apresentam, como um grupo, QIs médios mais altos,[42] uma taxa mais alta de conclusão de curso superior[43] e estão super-representados entre os grandes empreendedores em uma variedade de tipos de esforços.[44]

Nos Estados Unidos, por exemplo, um estudo descobriu que mais da metade dos finalistas da National Merit Scholarship fazia parte de um grupo de filhos primogênitos, mesmo em famílias com cinco filhos, bem como em famílias com dois, três e quatro.[45] Ou seja, em famílias com cinco filhos, o primogênito era o finalista com mais frequência do que os outros quatro irmãos juntos. Outras medidas de sucesso no ensino ou na carreira também mostraram que o primogênito — e o filho único — está super-representado entre aqueles que têm um melhor desempenho em diversos esforços, tanto em pesquisas nos Estados Unidos quanto em outros países.[46]

O primogênito — ou o filho único — pode ter a atenção exclusiva de ambos os pais durante o desenvolvimento inicial e mais importante da criança. Isso é algo que os irmãos que vêm depois obviamente não conseguem ter. Por outro lado, muitos estudos mostraram que há uma maior incidência de diversos tipos de problemas sociais em crianças criadas com a presença de apenas um dos pais — mais uma vez, tanto nos Estados Unidos quanto em países do outro lado do Atlântico.[47] Estudos sobre meninos criados sem a presença do pai constataram uma super-representação destes entre as pessoas com patologias que variam de evasão escolar a assassinato.[48]

Segundo um estudo, essas patologias estavam mais altamente correlacionadas com a ausência do pai do que com qualquer outro fator, "superando até mesmo fatores como raça e pobreza".[49] A taxa de encarceramento de meninos criados sem pai era maior do que a média, independentemente de serem negros ou brancos, embora a incidência tenha sido maior entre os negros.[50] Nem todas as diferenças entre raças ocorrem em virtude do fator racial — seja no sentido genético ou de discriminação racial.

Claramente, não havia "chances iguais" para esses meninos, quer eles fossem tratados de maneira justa ou injusta pelas pessoas com quem conviviam nas instituições — desde escolas até departamentos de polícia. A criação por apenas um dos pais é uma situação que afetou negativamente também as meninas, o que se refletiu em taxas mais altas de gravidez na adolescência.[51] Padrões bastante semelhantes de patologia foram encontrados na Inglaterra, onde a composição étnica da população da classe baixa é muito diferente da dos Estados Unidos.[52] Na Inglaterra, a classe baixa é predominantemente branca, mas apresenta padrões sociais muito semelhantes aos dos negros de baixa renda nos Estados Unidos,[53] ainda que a classe baixa inglesa não tenha um "legado de escravidão" para ser usado como justificativa automática.

As crianças norte-americanas que são criadas em diferentes classes sociais, com diferentes práticas de criação, podem ter a chance de se tornarem adultos com capacidades iguais seriamente reduzida. Pesquisas demonstraram que as crianças criadas por pais com ocupações profissionais ouvem três vezes mais palavras por hora do que aquelas criadas em famílias que vivem de assistência social. Além disso, essas palavras são, com muito mais frequência, positivas e encorajadoras quando os pais têm uma profissão e, mais frequentemente, negativas e desanimadoras quando a família está sob os cuidados da assistência social.[54]

Alguém consegue realmente acreditar que as crianças que passam seus anos de formação sendo criadas em lares tão diferentes provavelmente serão iguais às outras na escola, no trabalho ou em qualquer outro ambiente?

Ao colocar as suposições à prova dos fatos, é preciso manter uma distinção clara entre *potencialidades* iguais no início da vida e *capacidades* igualmente *desenvolvidas* mais tarde. Alguns defensores da justiça social podem presumir implicitamente que diversos grupos de pessoas têm capacidades desenvolvidas semelhantes, de modo que resultados diferentes podem parecer intrigantes. Porém, quando se trata de capacidades reais de desempenho, um homem não é nem mesmo igual a si mesmo — física ou mentalmente — em diferentes estágios de sua vida, muito menos igual a todas as outras pessoas em seus diferentes estágios de vida.

Desigualdades Entre Grupos

A falácia aparentemente invencível no cerne da ideia de justiça social é que grandes categorias de pessoas — classes, raças, nações — tenderiam a obter resultados iguais, ou pelo menos comparáveis, nos mais diversos tipos de esforços, não fosse por um viés discriminatório que interveio para criar as enormes disparidades que vemos ao nosso redor.

No entanto, é improvável que grupos diferentes, com idades médias diferentes — *variando em uma década ou duas* — sejam iguais em esforços que exijam a vitalidade física da juventude ou a experiência que vem com a idade. Quando os nipo-americanos têm uma idade média de 52 anos e os mexicano-americanos, de 28 anos,[55] não é surpresa nenhuma encontrar uma diferença na representação desses dois grupos em diferentes ocupações e níveis de renda. Se eles fossem idênticos em todos os outros aspectos, a diferença de idade, por si só, ainda seria suficiente para que houvesse uma disparidade entre eles em termos de renda, uma vez que os norte-americanos de meia-idade têm uma renda média mais alta do que os norte-americanos de 20 e poucos anos.[56]

Com as nações — assim como com as classes, as raças ou os grupos étnicos —, a diferença de idade, por si, é suficiente para tornar muito improvável que haja uma igualdade de resultados financeiros, entre outros. Existem nações inteiras cujas populações têm uma idade média superior a 40 anos (Alemanha, Itália, Japão) e outras cujas idades médias são inferiores a 20 anos (Nigéria, Afeganistão, Angola).[57] Por que alguém deveria esperar que uma nação cuja metade da população é composta por bebês, crianças pequenas e adolescentes tenha a mesma experiência de trabalho e educação — o mesmo capital humano — que uma cuja metade da população tem 40 anos ou mais?

Cada nação também está localizada em um ambiente geográfico e climático diferente, entre outros fatores, apresentando diferentes vantagens e desvantagens. Mesmo que suas populações tivessem um potencial idêntico, dificilmente se poderia esperar que as pessoas tivessem capacidades igualmente desenvolvidas, após séculos de confronto com a tarefa de sobreviver e evoluir em ambientes muito diferentes ao redor do mundo.

Temos continentes inteiros muito distintos uns dos outros. Embora a África tenha mais do que o dobro do tamanho da Europa, o litoral europeu tem milhares de quilômetros a mais do que o africano.[58] Isso pode parecer quase impossível, mas o litoral europeu apresenta inúmeros contornos tortuosos, formando portos onde os navios podem atracar em segurança, por serem protegidos das águas agitadas do mar aberto. Esses portos representam uma vantagem ainda maior do que o fato de ter um litoral mais longo.

O litoral europeu também é acrescido de muitas ilhas e penínsulas, que constituem mais de um terço da área terrestre total do continente.[59] O africano, por sua vez, é linear, com muito menos portos, ilhas e penínsulas — que constituem apenas 2% da área terrestre da África.[60]

Será que é surpreendente o fato de os europeus terem se beneficiado durante muito mais tempo do comércio marítimo do que os africanos? Adam Smith observou essa diferença geográfica no século XVIII[61] e rejeitou as alegações de que os africanos eram racialmente inferiores.[62] Outros estudiosos também descreveram as numerosas e graves desvantagens geográficas da África, principalmente a Subsaariana.[63] O ilustre historiador francês Fernand Braudel concluiu: "Para entender a África Negra, a geografia é mais importante do que a história."[64]

Os portos são apenas um dos diversos tipos de vias navegáveis com grandes implicações para o desenvolvimento econômico e social dos seres humanos. Isso se deve à enorme diferença de custo entre os transportes aquático e terrestre. No mundo antigo, por exemplo, o custo do transporte de uma carga por toda a extensão do Mar Mediterrâneo — mais de 3.200km — era menor do que o do transporte dessa mesma carga por apenas 120km para o interior.[65] Isso significava que as pessoas que viviam no litoral tinham uma variedade muito maior de interações econômicas e sociais com outras pessoas e lugares costeiros do que aquelas que viviam em cidades do interior tinham entre si ou com seus compatriotas costeiros.

Um tratado geográfico observou que, na Antiguidade, o interior mediterrâneo da Europa "permanecia em uma civilização atrasada em comparação com o litoral mediterrâneo".[66] Isso não valia apenas para a região do Mediterrâneo. Em diversas partes do mundo, é comum que "o litoral de um país seja a primeira parte dele a desenvolver não uma civilização indígena ou local, mas uma cultura cosmopolita, que depois se espalha para o interior a partir da costa marítima".[67] Houve exceções especiais, mas esse tem sido um padrão geral.[68]

Esse padrão reflete a grande diferença entre o custo dos transportes aquaviário e terrestre, o que, por sua vez, afeta as perspectivas econômicas de diversas maneiras. A maioria das grandes cidades do mundo está localizada em vias navegáveis, porque o transporte do enorme volume necessário para manter as pessoas alimentadas nessas cidades seria extremamente mais caro se todos os alimentos tivessem que ser transportados exclusivamente por terra — especialmente antes da invenção moderna de ferrovias e caminhões nos últimos dois séculos. Ainda hoje, locais com acesso a rios navegáveis têm grandes vantagens econômicas, especialmente se tiverem conexão com áreas costeiras.[69]

O clima é outro aspecto da natureza que pode influenciar o desenvolvimento econômico e social dos seres humanos. O solo fértil é encontrado com mais frequência nas zonas temperadas do que nos trópicos.[70] Isso obviamente afeta a produtividade da agricultura. Mas seus efeitos não param por aí. A urbanização depende do fornecimento de alimentos produzidos fora das comunidades urbanas, sendo a agricultura geralmente sua principal fonte. Ao longo dos séculos, uma parcela totalmente desproporcional dos avanços na ciência, na tecnologia e em outros esforços teve origem nas comunidades urbanas.[71]

Um estudo empírico do Harvard Center for International Development constatou que os locais que ficam na zona temperada, com solo fértil e localizados a menos de 100km do mar, representavam 8% da área terrestre habitada do mundo. Mas esses lugares detinham 23% da população mundial e produziam 53% do Produto Interno Bruto global.[72] Isso se reflete nas diferenças mundiais de renda por pessoa entre esses lugares e o restante do planeta.[73]

Essa é apenas uma das muitas diferenças entre as regiões geográficas do mundo. Quando os europeus chegaram ao hemisfério ocidental, os povos indígenas não tinham cavalos, bois, camelos ou elefantes, nem qualquer outro animal de tração pesado para transportar pessoas e cargas, como os animais que existiam em grande parte do hemisfério oriental. Havia lhamas no Império Inca em parte da América do Sul, onde eram usadas como animais de carga. Mas mesmo as lhamas presentes nessa parte do mundo não eram grandes o suficiente para serem comparáveis aos animais usados na outra metade do planeta.

A escassez de animais de tração e de carga no hemisfério ocidental teve implicações econômicas mais amplas. Ao tornar o transporte terrestre ainda mais caro do que o normal, a falta de animais limitou as distâncias em que era economicamente viável transportar cargas. Isso, por sua vez, reduziu o tamanho das embarcações para o transporte aquático. No hemisfério ocidental, o transporte por meio de canoas era comum. Mas não era economicamente viável ter embarcações do tamanho dos navios europeus, ou daqueles ainda maiores da China durante a Idade Média europeia, sem animais para transportar as enormes cargas, provenientes de lugares a quilômetros de distância, necessárias para encher essas embarcações.

Antes da chegada dos europeus, também não havia veículos com rodas no hemisfério ocidental. A roda pode ser considerada uma invenção que marcou época no desenvolvimento econômico. No entanto, sem animais para puxá-los, os veículos com rodas não tinham esse potencial. Os maias inventaram as rodas, mas elas eram usadas em brinquedos infantis.[74] Se eles tivessem se comunicado com os incas, com suas lhamas, possivelmente os veículos com rodas, puxados por animais, poderiam ter se tornado um recurso econômico no hemisfério ocidental. Naquela época, porém, as limitações geográficas do tamanho de um universo cultural no hemisfério ocidental impediram esse desenvolvimento.

Quando os britânicos enfrentaram os iroqueses na América do Norte, esses povos habitavam universos culturais de tamanhos muito diferentes. Embora fossem uma confederação de tribos que viviam em uma grande área, os animais presentes nas vastas terras da Eurásia — e ausentes no hemisfério ocidental — deram aos britânicos acesso a invenções, descobertas e conhecimentos de regiões muito mais amplas do mundo. Isso possibilitou que eles navegassem pelo oceano com lemes inventados na China, usando a bússola, também inventada na China, fazendo cálculos com conceitos matemáticos do Egito, usando um sistema de numeração inventado na Índia e escrevendo em papel inventado na China, com letras criadas pelos romanos.

Os iroqueses não tiveram tanto acesso a conquistas culturais, se os compararmos com os incas ou os maias.[75] Tampouco tiveram uma exposição tão ampla às muitas doenças que se espalharam pelas vastas terras da Eurásia — que se estendem por mais de 10.000km — criando epidemias devastadoras nos séculos passados, porém deixando as populações europeias sobreviventes com resistência biológica a muitas doenças, cujos germes foram levados para o hemisfério ocidental. Lá, essas doenças devastaram muitas populações indígenas, que não tinham tal resistência a elas. A taxa de mortalidade entre os povos indígenas, muitas vezes superior a 50% ou mais, facilitou a conquista europeia das Américas do Norte e do Sul.

Não podemos assumir, automaticamente, que haverá resultados iguais ou aleatórios entre os seres humanos — nem com fatores geográficos, nem com outros aspectos da natureza. Há diversos fatores em ação para esperar que todos eles sejam ou tenham permanecido iguais ao longo dos milhares de anos em que os seres humanos se desenvolveram econômica e socialmente.

A natureza — exemplificada por coisas como diferenças geográficas e climáticas, doenças e animais — *não* tem sido igualitária, apesar da afirmação de Rousseau de que produzia igualdade. Como disse o ilustre historiador econômico David S. Landes, "a natureza, assim como a vida, é injusta"[76] e "o mundo nunca apresentou condições equitativas".[77]

Inúmeras influências geográficas, que variam de um lugar para outro, não implicam em determinismo geográfico. Estes e outros fatores interagem com o conhecimento e os erros humanos, da forma como se desenvolveram em diferentes épocas. Houve fome em lugares em que havia terras muito férteis produzindo excedentes de alimentos para exportação, tanto antes quanto depois da fome.[78] O suprimento de recursos naturais não é fixo, porque o que determina um recurso natural é o uso que os seres humanos dão a ele, se tiverem o conhecimento, e isso se altera de acordo com as mudanças no conhecimento humano de uma época para outra.

Há muito tempo, a Europa Ocidental e a Setentrional têm mais recursos naturais usados em uma revolução industrial — minério de ferro e carvão, por exemplo — do que a Europa Oriental ou a Meridional. Mas nada disso importou durante os muitos milhares de anos que antecederam o desenvolvimento do conhecimento dos seres humanos a ponto de torná-los capazes de criar uma revolução industrial. A parte da Europa mais favorecida ou desfavorecida variava de acordo com épocas específicas e com o conhecimento humano disponível nessas épocas.

A natureza não tem sido mais justa entre os sexos do que em seu tratamento de outros grupos sociais, sociedades ou nações. Os padrões duplos humanos de comportamento sexual para homens e mulheres têm sido um reflexo suave dos padrões duplos mais fundamentais da natureza. Não importa quão imprudente, egoísta, estúpido ou irresponsável um homem possa ser, ele nunca conseguirá engravidar. O fato puro e simples de que as mulheres geram bebês significa que elas podem não ter chances iguais em muitos outros aspectos da vida, mesmo quando algumas sociedades humanas oferecem oportunidades iguais para pessoas com as mesmas capacidades desenvolvidas.[79]

A falácia aparentemente invencível de que resultados econômicos e sociais diferentes entre as populações só podem ser explicados pelo preconceito humano é repetidamente desmentida por fatos concretos em sociedades do mundo todo. Seja qual for a condição dos seres humanos no início de nossa espécie, dezenas de milênios já haviam passado antes que alguém cunhasse a expressão "justiça social".

Durante essas extensões de tempo quase inimaginavelmente vastas, múltiplas populações evoluíram de maneira distinta em ambientes muito diferentes ao redor do mundo — desenvolvendo vocações que criaram *desigualdades recíprocas* de conquistas em variados esforços, sem necessariamente criar igualdade, ou mesmo comparabilidade, em qualquer um desses esforços.

Meio Ambiente e Capital Humano

O meio ambiente não pode ser definido simplesmente como o ambiente concreto atual. Tampouco o capital humano pode ser definido apenas como educação ou habilidades. Qualidades como a honestidade não são apenas virtudes morais para os indivíduos, mas também capital humano para as comunidades, suas culturas e economias.

Quando um ambiente geográfico oferece somente trechos limitados e isolados de terra marginalmente fértil que podem sustentar apenas pequenas comunidades que vivem perto das margens da subsistência, há pouco a ganhar com o engano e tudo a perder se as pessoas que vivem nesse ambiente não se unirem e forem honestas umas com as outras, em prol da confiança mútua e da cooperação necessárias para sua sobrevivência — em circunstâncias em que a sobrevivência não é, de forma alguma, segura.

As pessoas que vivem há séculos em comunidades pequenas, pobres e isoladas, sem forças policiais nem departamentos de bombeiros, sabem que qualquer emergência pode se tornar uma catástrofe, a menos que todos se unam e venham em socorro uns dos outros. Essas circunstâncias — óbvias para aqueles que vivem em meio a elas — podem promover a honestidade e a cooperação mais do que qualquer pregação ou lei. Outras pessoas em circunstâncias muito diferentes e mais favoráveis conseguem ou não desenvolver um senso comparável de honestidade e cooperação.

Resumindo, a honestidade é um dos diversos fatores que não se pode presumir que estejam igualmente presentes em todos os lugares ou entre todas as pessoas. As evidências empíricas tampouco sugerem uma igualdade nesse fator, assim como em muitos outros. Entre os testes simples realizados para avaliar a honestidade das pessoas em muitos lugares do mundo, estão os projetos que deliberadamente deixam carteiras com dinheiro e identificação pessoal em locais públicos em diversas cidades do mundo.

Em 2013, quando um desses projetos colocou uma dúzia de carteiras em locais públicos, em várias cidades, o número de carteiras devolvidas com o dinheiro ainda dentro variou de 11 em 12 em Helsinque (Finlândia) a 1 em 12 em Lisboa (Portugal). Além disso, a única carteira devolvida em Lisboa foi por um casal que veio da Holanda; nenhum português devolveu as carteiras.[80] Um teste anterior constatou que 100% das carteiras foram devolvidas na Noruega, 67% nos Estados Unidos, 30% na China e 21% no México.[81]

Um teste diferente de honestidade foi um estudo realizado durante um período de cinco anos sobre quais diplomatas das Nações Unidas pagaram suas multas de estacionamento na cidade de Nova York, onde eram protegidos de processos judiciais por sua imunidade diplomática. O Egito, país de origem de 24 diplomatas da ONU, teve milhares de multas de estacionamento não pagas durante esse período. Enquanto isso, o Canadá — com o mesmo número de diplomatas — não teve nenhuma multa de estacionamento não paga durante esse período. Tampouco a Grã-Bretanha, país de origem de 31 diplomatas da ONU, ou o Japão, com 47.[82]

No século XIX, John Stuart Mill apontou que o nível de honestidade ou desonestidade em uma sociedade era um fator importante no desenvolvimento de sua economia. Usando o alto nível de corrupção na Rússia como exemplo, Mill concluiu que ela deve ser "um imenso obstáculo às capacidades de aprimoramento econômico".[83] Desde então — seja sob os czares, os comunistas ou na Rússia pós-comunista — a corrupção tem sido generalizada.[84] Em determinada época, algumas pessoas foram descritas por colegas russos como sendo "tão honestas quanto um alemão"[85] — uma admissão tácita de que essas qualidades não eram muito comuns entre os russos.

Por outro lado, a Revolução Industrial na Inglaterra recebeu o auxílio de investimentos vindos de países estrangeiros, cujos investidores puderam contar com a reputação de honestidade e imparcialidade da lei britânica.

Não existe mais razão para esperar que todas as pessoas, grupos ou nações sejam igualmente honestos, nem que tenham as mesmas habilidades, o mesmo patrimônio ou QI.

Mesmo em países em que a corrupção é generalizada, nos quais o que tem sido chamado de "círculo de confiança" raramente se estende além do núcleo familiar, pode haver grupos específicos que confiam o suficiente entre si para realizar negócios com base em acordos verbais, sem recorrer a sistemas jurídicos não confiáveis. Os marwaris, na Índia, e diversos subgrupos entre os chineses ultramarinos no Sudeste Asiático conseguiram, inclusive, envolver-se em comércio internacional com membros dos próprios grupos em outros países, com base em acordos verbais.[86]

Isso pode representar uma enorme vantagem econômica competitiva em países com instituições jurídicas e políticas pouco confiáveis, quando os rivais nativos precisam ser muito mais cautelosos em suas transações econômicas. No entanto, mesmo em um país com instituições mais confiáveis, há vantagens em poder dar uns aos outros remessas de joias para vender e dividir os lucros com base em acordos verbais, como acontece com os judeus hassídicos em Nova York.[87]

Qualquer que seja o nível de honestidade em determinada sociedade, não existe razão para esperar que as disparidades existentes nesses aspectos permaneçam as mesmas para sempre, ao passo que tantos outros mudaram ao longo dos séculos. Mas, em qualquer momento, a honestidade é um dos muitos fatores que variam, tornando muito improvável que haja igualdade de chances para todos.

Fatores Episódicos

Além das diferenças que continuam a existir entre as populações, há também eventos episódicos imprevisíveis, como guerras, fomes e epidemias, que podem interromper o caminho do desenvolvimento de determinados povos. Os resultados de conflitos militares podem ser uma questão de chances incalculáveis — mas capazes de determinar o destino de sociedades ou nações inteiras nas gerações ou nos séculos seguintes.

Se Napoleão tivesse vencido a Batalha de Waterloo em vez de seu inimigo, o Duque de Wellington, a história dos povos e das nações do continente europeu poderia ter sido muito diferente. O próprio Wellington disse, mais tarde, que o resultado dessa batalha foi "a coisa mais próxima de uma corrida que você já viu em toda sua vida".[88] Poderia ter sido de qualquer forma. Se a batalha anterior contra as forças islâmicas invasoras em Tours, em 732, ou no cerco de Viena, em 1529, tivesse ocorrido de outro modo, a Europa seria um lugar culturalmente muito diferente hoje.

Como se viu, a Europa esteve longe de ser uma civilização cultural, econômica ou homogênea, apresentando populações com a mesma quantidade e tipo de capital humano em todo o continente. Em vez disso, os idiomas da Europa Ocidental adquiriram versões escritas séculos antes dos da Europa Oriental.[89] Isso teve uma implicação importante na educação dos povos dessas duas regiões, que tiveram poucas chances de serem iguais em esforços que exigiam o tipo de conhecimento e habilidades ensinados em livros nas escolas e universidades.

Essa não foi simplesmente uma desigualdade confinada ao passado, porque a evolução até o momento presente começou com passados muito diferentes, em lugares e épocas distintos. Há séculos, a Europa Oriental é mais pobre e menos desenvolvida industrialmente do que a Ocidental,[90] e a taxa de homicídios na Europa Oriental tem sido um múltiplo da taxa de homicídios na Ocidental.[91]

Essa divisão entre o leste e o oeste europeu também não foi a única fonte de desigualdades nacionais nesse continente. No início do século XX, "quando apenas 3% da população da Grã-Bretanha era analfabeta, o percentual na Itália era de 48, na Espanha, 56, e em Portugal, 78".[92] Havia disparidades semelhantes em 1900 no Império Habsburgo, onde a taxa de analfabetismo variava de 3%, na Boêmia, a 73%, na Dalmácia.[93] Estudos acadêmicos de grande porte descobriram enormes diferenças tanto no desenvolvimento tecnológico quanto no número de figuras de destaque nas artes e nas ciências em diferentes partes da Europa.[94]

Na África, a história era muito parecida. Em 1957, apenas 11% das crianças que frequentavam a escola secundária na Nigéria vinham da parte norte do país, onde vivia a maioria da população.[95] Uma pessoa nascida no norte não tinha, nem de longe, as mesmas chances que uma nascida no sul — um fato que se reflete no diferente sucesso econômico das tribos dessas diferentes regiões do país.[96]

Tanto na Europa quanto na Nigéria, circunstâncias diferentes levaram grupos distintos de pessoas a níveis variados de alfabetização e frequência escolar. Na Europa — em séculos passados, quando as pessoas eram muito mais pobres —, alguns grupos que trabalhavam na agricultura tinham pouca necessidade de serem alfabetizados, mas, muitas vezes, dependiam do trabalho infantil para manter as famílias alimentadas. Nessas circunstâncias, a educação das crianças era frequentemente sacrificada, privando-as, inclusive, de adquirir conhecimento por meio de outras pessoas do restante do mundo.

Assim como em outras partes do mundo, inúmeros fatores influenciaram o desenvolvimento de inúmeras populações. Seria uma coincidência incrível se todos esses fatores tivessem afetado todas essas populações da mesma maneira durante os muitos milhares de anos no passado. O que também é muito improvável, em vastas extensões de tempo, é que as mesmas populações tenham sido as mais bem-sucedidas durante milhares de anos. Em apenas uma fração desses milênios de história registrada, as populações que estiveram na vanguarda das conquistas humanas sofreram uma mudança drástica.

Durante séculos, a China foi um país muito mais avançado tecnologicamente do que qualquer nação europeia, tendo fundido ferro mil anos antes dos europeus.[97] Os chineses também já utilizavam a impressão mecânica em papel, durante séculos, enquanto os europeus ainda escreviam à mão em materiais mais caros.[98] Educar a maioria dos europeus usando manuscritos individuais caros, em vez de livros produzidos em massa, não era uma perspectiva economicamente viável. Somente depois que os europeus desenvolveram a impressão mecânica foi possível educar mais do que uma pequena fração da população europeia. E só depois que todos os idiomas dos diferentes povos europeus desenvolveram versões escritas é que uma educação igualitária e o desenvolvimento de capital humano igualitário foram possíveis, mesmo que teoricamente.

As diferenças no capital humano — incluindo honestidade e idiomas, bem como habilidades ocupacionais e vocações para trabalhar na indústria e no comércio — têm sido comuns entre as nações e dentro delas. Não havia como as pessoas que estavam na extremidade inferior dessas disparidades circunstanciais terem "chances iguais" de desenvolver suas capacidades, mesmo em uma sociedade com oportunidades iguais, no sentido de concorrência aberta para todos e padrões iguais aplicados a todos.

Podemos concordar que seria desejável ter "chances iguais para todos". Mas isso não garante, de maneira alguma, que tenhamos o conhecimento ou o poder necessários para atingir esse objetivo sem enfrentar os sacrifícios catastróficos de outros objetivos desejáveis, que vão desde a liberdade até a sobrevivência.

Queremos que a equipe de alunos que serão treinados para realizar pesquisas médicas avançadas seja uma representação da composição demográfica da população como um todo — ou queremos que os alunos, independentemente de sua origem, tenham um histórico que comprove certo domínio da ciência médica e mostre que eles têm uma maior probabilidade de encontrar a cura para o câncer, o mal de Alzheimer e para outras doenças devastadoras? *Os esforços têm propósitos.* Será que satisfazer perspectivas ideológicas é mais importante do que acabar com o câncer e o mal de Alzheimer?

Queremos que os pilotos das companhias aéreas sejam escolhidos por meio da representação demográfica de diversos grupos ou queremos voar em aviões cujos pilotos foram selecionados devido ao seu domínio de todos os aspectos complexos que aumentam nossas chances de chegar a nosso destino em segurança? Quando reconhecemos os diversos fatores que podem gerar múltiplas capacidades desenvolvidas, a ideia de "chances iguais para todos" se torna algo muito diferente em suas consequências de "oportunidades iguais". E as consequências importam — ou deveriam importar — mais do que alguma teoria atraente ou da moda.

Mais fundamentalmente, queremos uma sociedade na qual alguns bebês nascem no mundo como herdeiros de queixas pré-embaladas contra outros bebês nascidos no mesmo dia — arruinando a vida de ambos — ou queremos pelo menos lhes dar a opção de tentar resolver as coisas da melhor maneira em sua vida do que nós fizemos na nossa?

Capítulo 2

FALÁCIAS RACIAIS

As questões raciais e étnicas têm gerado com certa frequência, em diferentes épocas e lugares do mundo, afirmações veementes, que vão desde o determinismo genético do início do século XX nos Estados Unidos — afirmando que "raça é tudo"[1], como uma explicação para as diferenças de grupo em resultados econômicos e sociais — até a visão contrária, no final do século, de que o *racismo* era a principal justificativa para essas diferenças.

O fato de pessoas diferentes terem crenças diferentes não é incomum na história da humanidade. O que é incomum — e perigoso — é (1) a extensão em que essas crenças prevalecem sem serem submetidas a testes de fatos ou de lógica e (2) a extensão em que as pessoas que apresentam evidências empíricas contrárias às crenças prevalecentes são recebidas com críticas *ad hominem* e com tentativas de eliminar essas evidências, por meios que vão desde a censura até a violência, especialmente nos campi acadêmicos.

Isso não representa um perigo apenas para determinados indivíduos ou pontos de vista específicos. Representa um perigo para o funcionamento básico de uma sociedade livre de seres humanos falíveis, cujas crenças diferentes devem ser colocadas à prova. Caso contrário, pode haver um conflito interno capaz de destruir a liberdade dessa sociedade ou a si mesma. Ambos aconteceram com muita frequência e em inúmeros lugares ao longo dos séculos.

AFIRMAÇÕES VERSUS EVIDÊNCIAS

A questão fundamental *não* é se a discriminação do empregador — ou a discriminação social em geral — pode ser a causa de resultados econômicos e sociais diferentes entre grupos raciais ou étnicos. Pode ser, e já foi, e não há motivo algum para excluí-la da lista de possibilidades na época atual. Mas também não há motivo para excluir qualquer um dos diversos outros fatores que também geraram disparidades de resultados entre todos os tipos de grupos, no mundo todo e em toda a história de que se tem registro.

Como as disparidades mais discutidas nos Estados Unidos têm sido aquelas entre norte-americanos negros e brancos, esse é um bom ponto de partida. A questão é se essas diferenças são incomuns ou se são de uma magnitude excepcionalmente maior do que aquelas entre outros grupos nesse país ou em qualquer outro lugar. A questão também é se existem outros motivos discerníveis para essas diferenças além da raça — ou seja, da genética — ou do racismo.

Há gerações, a renda familiar média dos negros norte-americanos tem sido menor do que a dos brancos norte-americanos. Com relação à magnitude dessa diferença, dados oficiais do governo que remontam a 1947 mostram que a disparidade não foi tão grande quanto 2:1 em nenhum desses anos.[2] Como essa disparidade específica se compara àquelas entre outros grupos nos Estados Unidos ou entre grupos em outros países?

Nos Estados Unidos, a renda per capita média de grupos étnicos asiáticos, como os de ascendência chinesa, japonesa, indiana e coreana, é *mais* de duas vezes maior do que a renda per capita média dos mexicanos-americanos.[3] Esses grupos asiáticos também têm uma renda per capita média mais alta do que a dos norte-americanos brancos.[4] Os indianos asiáticos têm quase *três vezes* a renda per capita média dos mexicanos-americanos e superior a mais de US$15 mil por ano à dos norte-americanos brancos.[5] Entre os trabalhadores em tempo integral do sexo masculino e durante todo o ano, os indianos asiáticos ganham mais de US$39 mil por ano a *mais* do que os trabalhadores em tempo integral brancos e durante todo o ano.[6]

É essa a tal "supremacia branca" sobre a qual somos alertados com tanta frequência em alguns setores? Mesmo entre os grupos de baixa renda e não brancos, há uma considerável sobreposição com a renda dos norte-americanos brancos. Por exemplo, os dados do censo de 2020 mostram que há mais de 9 milhões de norte-americanos negros com renda superior à dos norte-americanos brancos.[7] Há, também, milhares de famílias milionárias negras[8] e, inclusive, muitos bilionários negros, incluindo Tiger Woods e Oprah Winfrey.[9]

Por mais que essa situação seja diferente da imagem dos negros na retórica política e em grande parte da mídia e do meio acadêmico — uma imagem que, muitas vezes, parece mais com o que existia há um século —, a situação atual não é motivo para complacência. Pelo contrário, é um motivo para uma geração mais jovem de negros se instruir para aproveitar as oportunidades que estão claramente disponíveis e ter avanços ainda maiores do que as gerações anteriores de negros tiveram.

No entanto, as diferenças econômicas entre os diferentes grupos são uma preocupação especial quando se discutem as diferentes taxas de pobreza. Por exemplo, há tempos a taxa de pobreza entre as famílias negras norte-americanas como um todo é mais alta do que entre as famílias brancas norte-americanas como um todo.[10] Mas, em um período de mais de um quarto de século desde 1994, não teve um ano sequer em que a taxa anual de pobreza das famílias negras *casadas* chegou a *10%*. E em nenhum ano, em mais de meio século desde 1959, a taxa de pobreza nacional dos norte-americanos como um todo foi tão *baixa* quanto 10%.[11]

Se a causa da pobreza das famílias negras é o "racismo sistêmico", será que os racistas abrem uma exceção para os negros que são casados? Eles sabem, ou se importam, com o fato de os negros serem casados?

Em contrapartida, as taxas de pobreza das famílias monoparentais são muito mais altas do que as das famílias de casais casados — sejam de negros ou de brancos. Os dados mostram que a taxa de pobreza das famílias brancas, monoparentais e chefiadas por mulheres é *mais do que o dobro* da taxa das famílias negras de casais casados em todos os anos de 1994 a 2020, sendo este o último ano para o qual há dados disponíveis até o momento.[12] Se os "supremacistas brancos" fossem tão poderosos, como isso seria possível?

Tanto entre negros quanto entre brancos é mais raro existir famílias monoparentais chefiadas por homens do que por mulheres. As famílias brancas, monoparentais e chefiadas por homens têm apresentado uma taxa de pobreza menor do que as famílias brancas, monoparentais e chefiadas por mulheres. Entretanto, as famílias brancas, monoparentais e chefiadas por homens também tiveram uma taxa de pobreza *mais alta* do que as famílias negras de casais casados em todos os anos de 2003 a 2020.[13]

As diferenças estatísticas entre as raças não se devem automaticamente à raça — seja no sentido de terem causa genética ou resultado de discriminação racial. As discrepâncias na proporção de famílias monoparentais entre os diversos grupos raciais são outras disparidades que têm relação direta com as de renda. O mesmo ocorre com a média nas diferenças na idade e na educação, entre outros fatores.

Assim como as disparidades de renda não são, de forma alguma, exclusivas dos grupos raciais ou étnicos norte-americanos, aquelas *dentro* desses grupos também não são necessariamente menores do que aquelas *entre* esses grupos.

No ano letivo de 2017–2018 na cidade de Nova York, por exemplo, havia dezenas de locais em bairros de minorias de baixa renda com instalações de escolas públicas independentes e tradicionais, que atendiam à mesma comunidade local, nos mesmos prédios. Quando o mesmo teste estadual de matemática foi aplicado para os alunos negros e hispânicos de ambas as escolas, os alunos das independentes alcançaram o nível oficial de "proficiência" nessa disciplina *mais de seis vezes a mais* do que os alunos das mesmas etnias em escolas públicas tradicionais instaladas nos mesmos prédios.[14] Essas são disparidades enormes *dentro* dos mesmos grupos, de modo que nem a raça, nem o racismo podem explicá-las.[15] Nem os testes culturalmente tendenciosos.

Do mesmo modo, um estudo da década de 1930 sobre a comunidade negra em Chicago constatou que a taxa de delinquência nessa comunidade variava — de mais de 40% em alguns bairros de população negra a menos de 2% em outros.[16] Novamente, essas diferenças foram encontradas *dentro* do mesmo grupo racial, na mesma cidade e época.

Há tempos, também existem disparidades internas na população branca — e tão grandes quanto aquelas entre negros e brancos. Em 1851, por exemplo, quando a população branca do Sul era cerca de metade da população branca de outras regiões, somente 8% das patentes emitidas nos Estados Unidos foram concedidas a residentes dos estados do Sul.[17] A população branca do Sul também ficou, durante muito tempo, atrás de outros brancos em diversas habilidades relacionadas ao trabalho. Por exemplo, embora 40% das vacas leiteiras estivessem localizadas no sul do país em 1860, apenas 20% da manteiga e 1% do queijo do país eram produzidos nesses locais.[18] E no século XX, a defasagem dos sulistas no setor de laticínios continuou existindo.[19]

Além de diferenças quantificáveis, como uma taxa mais alta de analfabetismo entre os brancos do Sul no período antebellum do que entre seus contemporâneos brancos do Norte,[20] muitos pesquisadores comentaram que houve um esforço de trabalho visivelmente menor entre os brancos sulistas. Esses comentários estão registrados no clássico *Democracia na América*,[21] de Alexis de Tocqueville, e no livro *The Cotton Kingdom*,[22] de Frederick Law Olmsted, um relato amplamente lido das viagens do autor pelo Sul no período antebellum. Entre os próprios sulistas brancos, observações semelhantes foram feitas pelo General Robert E. Lee,[23] pelo escritor sulista antebellum Hinton Helper[24] e pelos historiadores sulistas do século XX, U.B. Phillips[25] e Rupert B. Vance.[26]

Ainda hoje, no século XXI, em condados nas regiões dos Apalaches, no Kentucky — Clay County e Owsley County —, mais de 90% da população é branca e a renda familiar média não é apenas menos da metade da renda familiar média dos norte-americanos brancos no país como um todo, mas também milhares de dólares a menos do que a renda familiar média dos norte-americanos *negros* no país.[27] Um estudo do Census Bureau dos EUA constatou que o condado de Owsley abrigava a população com a renda mais baixa em comparação a qualquer estado norte-americano em 2014, e ela era 99% branca.[28]

Não se tratava somente de uma ocorrência isolada em determinado ano. Esses mesmos condados apresentaram o mesmo padrão de renda em cinco pesquisas diferentes, realizadas ao longo de mais de meio século, durante o período de 1969 a 2020.[29]

Em 2014, um artigo publicado na *New York Times Magazine* classificou os condados norte-americanos em termos econômicos — 6 dos 10 últimos condados na classificação estavam localizados a leste de Kentucky.[30] Embora esse artigo não tenha mencionado a raça das pessoas que moram nesses condados, os dados do censo mostram que mais de 90% da população de cada um desses 6 condados era de brancos.[31]

Essa também não se tratava de uma ocorrência isolada em determinado ano. Os dados desses mesmos 6 condados, pesquisados no período de 1969 a 2020, mostram um padrão bastante semelhante de renda familiar média sempre muito abaixo da dos brancos em todo o país, bem como uma sempre abaixo da renda familiar média dos negros.[32]

De certa forma, esses padrões são ainda mais antigos. Há mais de cem anos, um tratado acadêmico sobre geografia apontou como pessoas da mesma raça, vivendo em ambientes geográficos diferentes, podem ter resultados econômicos e sociais radicalmente diferentes — usando as comunidades de Kentucky como exemplo. Esse tratado se referia à "região montanhosa do planalto de Cumberland", com suas "moradias de um cômodo" e "uma população atrasada oriunda da mesma linhagem inglesa pura que o povo de Bluegrass".[33] Esse padrão também não era exclusivo dos Estados Unidos.

De acordo com a autora, a ilustre geógrafa Ellen Churchill Semple, essas "influências do meio ambiente" aparecem "em todas as partes do mundo, em todas as raças e em todas as épocas".[34] A própria pesquisa volumosa dela e de outros estudiosos desde então mostram que as pessoas que vivem nas regiões rurais e montanhosas — os"hillbillies" na terminologia norte-americana — geralmente ficam para trás tanto em termos econômicos quanto de desenvolvimento social.[35] Os altos níveis de evasão escolar no ensino médio e os baixos níveis de graduados em faculdades entre os hillbillies norte-americanos são exemplos óbvios do desenvolvimento social negligenciado.

O que aprendemos com a pobreza persistente e grave nas comunidades caipiras pode ser útil para identificar os fatores envolvidos na pobreza e no atraso do progresso de outros povos, inclusive das minorias raciais. Se, por algum milagre, conseguíssemos chegar ao racismo zero, não se sabe ao certo o efeito que isso teria. As pessoas dos condados caipiras e de baixa renda norte-americanos já enfrentam o racismo zero, porque praticamente todas essas pessoas são brancas. No entanto, a renda delas é mais baixa do que a dos negros.

Por outro lado, em um mundo em que ninguém acredita que o racismo tenha sido eliminado, os casais negros têm tido uma taxa de pobreza consistentemente menor do que a média nacional e menos da metade da taxa de pobreza entre as famílias brancas, monoparentais e chefiadas por mulheres. Ou seja, *alguns padrões de comportamento parecem compensar* mais do que a ausência de racismo.

Certa ênfase no racismo pode até ser contraproducente. O presidente Barack Obama relatou uma experiência que teve ao conversar com um jovem negro que queria se tornar piloto. A princípio, esse jovem pensou em entrar para a Força Aérea dos EUA, a fim de receber treinamento para ser piloto. Mas, depois, ele disse que percebeu que a Força Aérea "nunca deixaria um negro pilotar um avião".[36] Isso foi dito *décadas após os norte-americanos terem um esquadrão inteiro de pilotos de caça negros durante a Segunda Guerra Mundial* — e, mais tarde, dois pilotos negros se tornaram generais da Força Aérea dos EUA.[37] Quem quer que tenha doutrinado esse jovem o prejudicou mais do que um racista poderia ter feito, impedindo-o, inclusive, de tentar se tornar um piloto.

Existem muitos motivos pelos quais diversas pessoas vivem na pobreza, e esses motivos não se limitam apenas àqueles que estão em voga no momento, como a discriminação por raça ou por sexo. Nada disso acusa automaticamente o efeito que a discriminação, ou qualquer outro fator, tem sobre o avanço econômico ou de outra natureza de determinado grupo, que pode variar em diferentes momentos ou sob diferentes circunstâncias. Porém os fatos históricos podem ao menos evitar que tiremos conclusões automáticas com base na retórica e na repetição de palavras-chave como "legado da escravidão", "supremacia branca" e "culpar a vítima".

No início do século XIX, Alexis de Tocqueville estabeleceu um precedente infeliz quando atribuiu as diferenças entre os brancos do Sul e os do Norte à existência da escravidão no Sul[38] — uma visão ecoada por Frederick Law Olmsted[39] e Hinton Helper.[40] Na realidade, porém, a mesma série de diferenças existia entre os ancestrais dos brancos sulistas e nortistas quando eles viviam em diferentes partes da Grã-Bretanha, antes que qualquer um deles tivesse sequer visto um escravo.[41] A mesma suposição infundada seria usada novamente no século XX — e é usada até hoje — para tentar explicar as diferenças de comportamento entre negros e brancos por "um legado da escravidão".

A maior incidência de crianças nascidas de mulheres solteiras entre os negros norte-americanos é, entre muitas outras coisas, atribuída a um "legado da escravidão". Mas, *por mais de cem anos* após o fim da escravidão, a maioria das crianças negras nasceu de mulheres casadas, e as crianças foram criadas em lares com ambos os pais. Na década de 1960, Daniel Patrick Moynihan ficou preocupado, porque 23,6% das crianças negras nasceram de mães solteiras em 1963 — um *aumento* considerável em relação aos 16,8% registrados em 1940.[42]

Embora para os negros norte-americanos essas taxas fossem muito mais altas do que para os brancos norte-americanos, na década de 1960, a taxa de nascimentos de crianças filhas de mulheres solteiras entre os brancos também aumentou repentina e acentuadamente após ter sido — durante décadas — apenas uma pequena fração do que se tornou após esse período.[43] Esse padrão não sugere um "legado da escravidão" nem para os negros nem para os brancos, quando esse aumento na taxa de nascimento de crianças filhas de mulheres solteiras de ambas as raças teve início com a enorme expansão do estado de bem-estar social na década de 1960. Esse novo padrão persiste há mais de meio século. Em 2008, a taxa de nascimento de crianças filhas de mulheres solteiras entre os brancos norte-americanos chegou a quase 30%.[44] Esse número ultrapassou os níveis de 1963 entre os negros norte-americanos que preocuparam Daniel Patrick Moynihan.[45]

A proporção de nascimentos de crianças filhas de mães negras solteiras no final do século XX (68,7%)[46] ainda excedia em muito a proporção de mães brancas solteiras como um todo. Mas, entre as mães brancas *com menos de 12 anos de escolaridade*, a taxa de nascimentos fora do casamento nos primeiros anos do século XXI não ficou muito atrás disso, sendo pouco mais de 60%.[47]

Assim como ocorre com outras disparidades, as diferenças entre raças não são necessariamente diferenças raciais, seja no sentido de serem causadas por genes ou discriminação racial. Alguns padrões de comportamento produzem resultados semelhantes em grupos que diferem por raça, de modo que essas disparidades nos resultados podem refletir discrepâncias no comportamento — por qualquer motivo —, sem implicar determinismo genético ou discriminação social. Em diversos países europeus no século XXI, pelo menos 40% dos nascimentos registrados são de crianças cujas mães são solteiras[48] — e não existe nenhum "legado da escravidão" nesses países. Mas sabe-se que eles expandiram os estados de bem-estar social.

O juiz Oliver Wendell Holmes disse, há mais de um século, que as palavras de ordem podem "atrasar uma análise mais aprofundada por cinquenta anos".[49] Muitas palavras de ordem já atrasaram a análise por mais tempo do que isso — e continuam atrasando.

DETERMINISMO GENÉTICO

Nas primeiras décadas do século XX, quando o progressismo era uma nova força importante entre os intelectuais e políticos norte-americanos, um de seus princípios mais importantes era o determinismo genético — a crença de que as raças não tão bem-sucedidas eram geneticamente inferiores.

Mais tarde, nas últimas décadas do século XX, os progressistas, com visões semelhantes sobre outras questões, como o papel do governo, a proteção ambiental e a filosofia jurídica, passaram a ter uma visão oposta sobre as questões raciais. As raças não tão bem-sucedidas passaram a ser vistas automaticamente como vítimas do racismo, pois antes eram automaticamente consideradas inferiores. As conclusões de ambos os grupos de progressistas eram diferentes, mas a maneira como as evidências eram usadas e como as opiniões e as evidências contrárias eram desconsideradas eram bastante semelhantes.

Ambos os grupos expressaram total certeza em suas conclusões — sobre esse e outros assuntos — e descartaram a conclusão dos críticos, considerando-os desinformados, na melhor das hipóteses, e confusos ou desonestos, na pior.[50]

Embora o progressismo tenha sido um movimento norte-americano, do outro lado do Atlântico existiam visões e atitudes semelhantes sob outros nomes. Nesses locais, no início do século XX, as visões predominantes sobre raça também eram opostas em relação ao que se tornaram no final do século e são até os dias atuais.

Progressivismo Inicial

O determinismo genético não teve início com os progressistas. Em épocas anteriores, muitas pessoas se consideravam inerentemente superiores a outras pessoas, sem precisar da realidade ou da alegação de evidências científicas.

Alguns se consideravam superiores como classe ou raça, por causa do sangue real ou por qualquer outro motivo. Na Grã-Bretanha, Sir Francis Galton (1822–1911) escreveu um livro intitulado *Hereditary Genius*, baseado no fato de que muitas realizações extraordinárias estavam relacionadas a determinadas famílias. Essa conclusão poderia ter tido um peso maior como evidência se outras famílias tivessem oportunidades comparáveis. No entanto, esse requisito dificilmente poderia ter sido atendido na época, e também não se sabe com que frequência pode ser atendido atualmente.

Uma importante evidência empírica tornou-se disponível quando os soldados do Exército dos EUA fizeram testes mentais durante a Primeira Guerra Mundial. Uma amostra de mais de 100 mil desses testes mostraram que as pontuações dos soldados negros, como um todo, foram mais baixas do que as dos soldados brancos. Isso foi tratado como uma evidência irrefutável de que o determinismo genético era um fato comprovado.[51] Mas uma análise interna dos dados de pontuação dos testes mentais mostrou que os soldados negros de Ohio, Illinois, Nova York e Pensilvânia obtiveram uma pontuação mais alta do que os soldados brancos da Geórgia, de Arkansas, de Kentucky e do Mississippi.[52]

Se o motivo das diferenças gerais na pontuação nos testes entre as raças fosse genético, os genes das pessoas não mudam quando elas cruzam a fronteira de um estado. Mas, em alguns estados, as escolas são melhores.

Naquela época, mesmo uma pessoa moderadamente bem informada dificilmente conseguiria evitar saber que, no Sul, outras coisas não eram iguais entre as raças porque, naquela época, os políticos dessa região proclamavam em alto e bom som sua determinação em manter as coisas desiguais. Isso ia além da falta de vontade de enviar a mesma quantia de verbas a escolas para negros e para brancos. Já no final da Guerra Civil, quando milhares de voluntários brancos do Norte foram para o Sul para ensinar os filhos de escravos recém-libertos, esses professores — em sua maioria mulheres jovens — não só foram condenados ao ostracismo pelos brancos sulistas, como também foram perseguidos e ameaçados.[53]

Foi uma época em que muitos brancos sulistas não queriam que os negros recebessem educação escolar, e as políticas educacionais dos governos estaduais do Sul refletiam esse desejo.[54] Quando filantropos brancos ricos, como John D. Rockefeller, Andrew Carnegie e Julius Rosenwald, enviaram dinheiro para ajudar a construir escolas para crianças negras do Sul,[55] o estado da Geórgia aprovou uma lei que tributava as doações feitas às escolas por pessoas de raça diferente da dos alunos que as frequentavam.[56]

O problema mais fundamental com as conclusões a que chegaram os deterministas genéticos daquela época — e as conclusões opostas a que chegaram os progressistas de uma época posterior — estava na maneira como eles usavam as evidências empíricas.

Os progressistas de cada época começaram com um preconceito e terminaram sua análise das evidências quando encontraram dados que pareciam se encaixar em sua visão preconceituosa. Esse método pode ser suficiente para fornecer tópicos de discussão. Mas, se o objetivo é encontrar a verdade, a busca deve continuar, para analisar se existem outros dados que entram em conflito com a crença inicial.

Pessoas com visões opostas geralmente ficam ansiosas para fornecer evidências contrárias, portanto a dificuldade não está em encontrar essas evidências; está em saber se elas serão analisadas. Por exemplo, além dos soldados de determinados estados durante a Primeira Guerra Mundial, será que, no século XX, outros grupos de brancos obtiveram pontuações tão baixas em testes mentais quanto os negros, ou mais baixas do que os negros? Acontece que sim. Entre eles, estão os brancos que vivem em algumas comunidades norte-americanas nas regiões rurais e montanhosas.[57]

Também há pessoas brancas vivendo nas ilhas Hébridas, na Escócia,[58] e pessoas brancas vivendo em comunidades de casas-barco nos canais da Grã-Bretanha, que tiveram pontuações de testes de QI semelhantes às dos negros norte-americanos.[59] O que todos esses brancos em particular têm em comum é o *isolamento*, seja geográfico ou social. Em geral, esse isolamento da sociedade existe há muito tempo entre os negros norte-americanos.

Embora os negros do Exército dos EUA durante a Primeira Guerra Mundial tenham obtido uma pontuação um pouco mais baixa do que diversos membros de grupos de imigrantes europeus recém-chegados, outros negros — que viviam em comunidades do norte — frequentemente obtinham uma pontuação igual ou um pouco *mais alta* em testes mentais do que esses mesmos grupos de imigrantes. Em uma pesquisa de QI realizada em 1923, crianças ítalo-americanas estavam entre esses imigrantes.[60] Resultados semelhantes foram encontrados em uma pesquisa de QI realizada em 1926 com eslovacos, gregos, espanhóis e portugueses nos Estados Unidos.[61] Nessa época, a maioria dos imigrantes europeus se estabeleceu fora do Sul, e os testes realizados com os negros que não viviam no Sul indicavam QIs médios mais altos do que os dos negros que viviam nessa região.[62]

Os brancos que vivem em comunidades isoladas nas regiões rurais e montanhosas são um grupo especialmente marcante no que diz respeito à pobreza e ao isolamento tanto do mundo exterior quanto de comunidades semelhantes nas mesmas regiões que eles habitam. Vimos que a renda dessas pessoas nos condados dos Apalaches tem sido surpreendentemente mais baixa durante o século XXI.[63] Em 1929, o QI das crianças habitantes das áreas das Montanhas Blue Ridge foi estudado, e o resultado pode ser comparado ao QI dos negros no país, que era, em média, de 85. De acordo com o teste utilizado, o QI médio dessas crianças brancas nas comunidades das Montanhas Blue Ridge variava de 83,9 a 61,2.[64]

Em 1930, as crianças brancas das escolas nas montanhas que ficam a leste do Tennessee tinham um QI médio de 82,4. Assim como as crianças negras com QIs semelhantes, essas crianças brancas tinham QIs mais altos quando eram mais novas — 94,68 aos 6 anos de idade, caindo para 73,50 aos 16 anos.[65] Uma década depois, em 1940, após diversas melhorias no ambiente local e nas escolas, as crianças dessas mesmas comunidades — e, aparentemente, muitas delas das mesmas famílias[66] — tinham um QI médio de 92,22. Nessa época, o QI médio aos 6 anos de idade era de 102,56, caindo para 80,00 aos 16 anos.[67]

Claramente, esses QIs abaixo da média não se devem à *raça*, mas — antes de 1940 — eles estavam pelo menos tão abaixo da média nacional (que é 100) quanto os QIs das crianças negras. Esses resultados parecem ser consistentes com o que a geógrafa Ellen Churchill Semple disse em 1911: que o ser humano tem uma "desaceleração em seu ritmo" de desenvolvimento nas regiões rurais próximo às montanhas e "para completamente" nas regiões montanhosas.[68] Outros estudos sobre a vida em comunidades isoladas nas regiões rurais e montanhosas do mundo inteiro apresentam padrões semelhantes de pobreza e atraso no desenvolvimento humano.[69]

Anos mais tarde, surgiriam novas evidências incompatíveis com o determinismo genético. Um estudo de 1976 mostrou que órfãos negros criados por famílias brancas tinham QIs médios significativamente mais altos do que outras crianças negras e ligeiramente acima da média nacional.[70] Acontece que um dos primeiros cientistas negros notáveis — George Washington Carver, no início do século XX — era um órfão criado por uma família branca.[71]

No início do século XX, o determinismo genético não era, de forma alguma, apenas uma questão sobre negros e brancos norte-americanos. A crença de que os negros eram geneticamente inferiores já era tão amplamente aceita que a maior parte da literatura sobre o determinismo genético daquela época buscava argumentar que as pessoas do Leste e do Sul da Europa eram geneticamente inferiores às do Oeste e do Norte. Essa era uma questão importante na época, porque a emigração em larga escala da Europa teve uma mudança em suas origens a partir das duas últimas décadas do século XIX, passando de predominantemente do Oeste e do Norte da Europa, em épocas anteriores, para o Leste e o Sul.

Entre a nova onda maciça de imigrantes, estavam os judeus do Leste Europeu. Uma das principais autoridades em testes mentais daquela época, Carl Brigham — criador do Scholastic Aptitude Test (SAT, um teste de aptidão escolar) — disse que os resultados dos testes mentais do Exército tendiam a "refutar a crença popular de que o judeu é muito inteligente".[72] Outra autoridade em testes mentais, H.H. Goddard, que testou os filhos desses imigrantes do Leste e do Sul da Europa na instalação onde funcionava a recepção de imigrantes em Ellis Island, declarou que "essas pessoas não conseguem lidar com abstrações".[73]

Francis A. Walker, o proeminente economista da época, descreveu os imigrantes do Leste e do Sul da Europa como "homens derrotados de raças derrotadas"[74] — um "grupo populacional europeu imundo e obsoleto", originário de lugares onde "não se viu nem sequer um sopro de vida intelectual durante séculos".[75]

O professor Edward A. Ross, funcionário da Associação Americana de Economia e presidente da Associação Americana de Sociologia, cunhou o termo "suicídio racial" para descrever a perspectiva de uma substituição demográfica, ao longo do tempo, dos europeus do Oeste e do Norte, como a maioria da população norte-americana, pelos europeus do Leste e do Sul, porque estes dois últimos grupos tinham uma taxa de natalidade mais alta.[76] Ele chamou esses novos imigrantes de "homens parecidos com bois" e descendentes de povos atrasados, cuja aparência física "proclama a inferioridade do gênero".[77]

O professor Ross lamentou um "resultado imprevisto" do amplo acesso aos avanços da medicina, ou seja, "o aumento da perspectiva de sobrevivência dos ignorantes, dos estúpidos, dos desleixados e dos extremamente pobres".[78]

Ross foi o autor de mais de duas dúzias de livros best sellers.[79] A introdução de um de seus livros trazia uma carta de elogio de Theodore Roosevelt.[80] Entre os colegas acadêmicos do professor Ross, estava Roscoe Pound, que, mais tarde, tornou-se reitor da faculdade de Direito de Harvard. O professor Pound deu crédito ao professor Ross pelo fato de tê-lo colocado "no caminho que o mundo está seguindo".[81] Esse senso de missão e uma suposição de que a "história está do nosso lado" marcaram os escritos influentes de Roscoe Pound durante sua longa carreira. Ele promoveu o ativismo judicial, a fim de libertar o governo das restrições constitucionais, fazendo com que o papel dos juízes fosse ampliado, para promover as políticas sociais progressistas.[82]

As pessoas que lideraram o movimento pelo determinismo genético no início do século XX *não* eram pessoas de classe baixa e com pouca instrução. Elas incluíam algumas das pessoas mais intelectualmente proeminentes da época, em ambos os lados do Atlântico.

Entre eles, estavam os fundadores de organizações acadêmicas como a Associação Americana de Economia[83] e a Associação Americana de Sociologia,[84] um presidente da Universidade de Stanford e outro do MIT,[85] bem como professores renomados das principais universidades dos Estados Unidos.[86] Na Inglaterra, John Maynard Keynes foi um dos fundadores da sociedade eugênica da Universidade de Cambridge.[87] A maioria desses intelectuais figurava a esquerda política em ambos os países.[88] Mas também havia alguns conservadores, incluindo Winston Churchill e Neville Chamberlain.[89]

Em faculdades e universidades nos Estados Unidos,[90] havia centenas de cursos sobre eugenia, assim como atualmente existem cursos ideológicos semelhantes nos campi de faculdades e universidades em todo o país, promovendo ideologias muito diferentes em relação à raça, mas com um senso de missão e uma intolerância bastante semelhante em relação àqueles que não compartilham sua ideologia ou sua missão.

"Eugenia" foi um termo cunhado por Sir Francis Galton para descrever uma agenda que tinha o objetivo de reduzir ou impedir a sobrevivência de pessoas consideradas geneticamente inferiores. Segundo ele, "existe um sentimento, em sua maior parte bastante irracional, contra a extinção gradual de uma raça inferior".[91] O professor Richard T. Ely, um dos fundadores da Associação Americana de Economia, disse o seguinte sobre as pessoas que ele considerava geneticamente inferiores: "Devemos dar às classes mais desesperadas, deixadas para trás em nosso progresso social, cuidados de custódia com o maior desenvolvimento possível, com segregação de sexos e confinamento, para evitar a reprodução."[92]

Outros acadêmicos contemporâneos de grande destaque expressaram opiniões muito semelhantes. O professor Irving Fisher, de Yale, o principal economista monetário norte-americano de sua época, defendeu a prevenção da "criação do pior" por meio do "isolamento em instituições públicas e, em alguns casos, por meio de operação cirúrgica".[93] O professor Henry Rogers Seager, da Universidade de Colúmbia, também disse que "devemos cortar corajosamente as linhas de hereditariedade que se provaram indesejáveis", mesmo que isso exija "isolamento ou esterilização".[94]

O proeminente professor de economia de Harvard, Frank Taussig, disse sobre as diversas pessoas que ele considerava inferiores que, se não fosse possível "cloroformizá-las de uma vez por todas", então "pelo menos elas podem ser segregadas, trancadas em alojamentos e asilos e impedidas de propagar sua espécie".[95]

A facilidade com que os principais acadêmicos de sua época defendiam a prisão perpétua e a privação de uma vida normal de pessoas que não haviam cometido nenhum crime é um lembrete dolorosamente sóbrio do que pode acontecer quando uma ideia ou visão se torna um dogma inebriante que sobrepuja todas as outras reflexões. Madison Grant, em seu livro *A Passagem da Grande Raça*, amplamente lido na época, disse que "a raça está na base de todas as manifestações da sociedade moderna"[96] e lamentou "a crença sentimental na santidade da vida humana", quando essa crença é usada "para evitar tanto a eliminação de bebês defeituosos quanto a esterilização de adultos que não têm valor para a comunidade".[97]

Esse livro foi traduzido para outros idiomas, inclusive para o alemão, e Hitler o chamava de sua "Bíblia".[98]

Os progressistas do início do século XX não eram, de forma alguma, nazistas. Eles se orgulhavam de defender uma ampla variedade de políticas voltadas para a melhoria social, bastante semelhantes aos tipos de políticas que seriam defendidas por outros progressistas nos últimos anos do século XX e nos dias atuais.

O proeminente economista Richard T. Ely, por exemplo, rejeitava a economia de livre mercado porque considerava que o poder do governo era algo a ser aplicado "para melhorar as condições de vida e de trabalho das pessoas". Longe de enxergar o poder governamental como uma ameaça à liberdade da população, ele disse que "a regulamentação por meio do poder do Estado dessas relações industriais e de outras relações sociais existentes entre os homens é uma condição de liberdade".[99] Ele era a favor da "propriedade pública" de serviços públicos municipais, rodovias e ferrovias — e declarou que "os sindicatos deveriam ser legalmente incentivados em seus esforços para reduzir as horas de trabalho e aumentar os salários" e que "os impostos sobre a herança e a renda deveriam ser geralmente estendidos".[100] Para ele, a eugenia era apenas mais um benefício social que ele queria que fosse fornecido pelo governo.

O professor Ely era claramente um homem de esquerda e foi chamado de "o pai da economia institucional"[101] — um setor da Economia há muito conhecido por sua oposição à economia de livre mercado. Um dos alunos de Ely, John R. Commons, tornou-se um dos principais economistas institucionais da Universidade de Wisconsin. O professor Commons rejeitava a concorrência do livre mercado porque "a concorrência não respeita as raças superiores", de modo que "a raça com menos necessidades afasta as outras".[102]

Entre os outros alunos de Ely, estava, ainda, o icônico presidente progressista dos Estados Unidos, Woodrow Wilson.[103] O presidente Wilson também considerava algumas raças inferiores. Ele aprovou a anexação de Porto Rico pelo presidente William McKinley antes dele e disse sobre os anexados: "Nas questões profundas de governo e justiça, eles são crianças e nós, homens".[104] O próprio governo de Wilson segregou os funcionários negros de agências federais em Washington[105] e exibiu o filme *O Nascimento de uma Nação*, que glorifica a Ku Klux Klan, para seus convidados na Casa Branca.[106]

Assim como outros progressistas de sua época e de épocas posteriores, Woodrow Wilson não enxergava os perigos para a liberdade se houvesse uma expansão do poder do governo — seja por meio da criação de novos órgãos federais, como a Comissão Federal de Comércio e o Sistema da Reserva Federal, durante o próprio governo,[107] ou por meio da nomeação de juízes federais que "interpretariam" a Constituição de modo a afrouxar o que o presidente Wilson considerava uma restrição excessiva aos poderes governamentais.[108]

Em seu livro *The New Freedom*, Woodrow Wilson definiu arbitrariamente os benefícios do governo como uma nova forma de liberdade,[109] deixando de lado verbalmente as preocupações com a expansão dos poderes governamentais como uma ameaça à liberdade das pessoas. Até o século XXI, essa redefinição de liberdade persistiu entre muitos defensores da expansão dos poderes do estado de bem-estar social que vieram depois.[110]

Entre outros acadêmicos proeminentes do início da era progressista que claramente faziam parte da esquerda política — além de defenderem a eugenia —, estava o já mencionado professor Edward A. Ross, considerado um dos fundadores da profissão de sociólogo nos Estados Unidos. O professor Ross se referiu a "nós, liberais" como pessoas que defendem "os interesses públicos contra os poderosos interesses privados egoístas" e denunciou aqueles que discordavam de seus pontos de vista como indignos porta-vozes "conservadores" de interesses especiais, "mercenários" em oposição a "nós, defensores do bem-estar social".[111]

Pelo menos na mente deles, esses progressistas do início do século XX estavam defendendo a justiça social — e Roscoe Pound usou essa frase específica.[112] Não há necessidade de questionar a sinceridade de Ross porque ele questionou a sinceridade de outros. As pessoas podem ser muito sinceras ao pressuporem a própria superioridade.

Madison Grant, cujo livro Hitler chamava de sua "Bíblia", também era um progressista convicto do início do século XX. Embora não fosse um estudioso acadêmico, ele não era um caipira ignorante. Era de uma família abastada de Nova York e estudou em Yale e na faculdade de Direito da Universidade de Colúmbia. Foi ativista em causas progressistas, como conservação e preservação de espécies ameaçadas de extinção, reforma municipal e criação de parques nacionais.[113] Foi recebido em um clube social exclusivo fundado por Theodore Roosevelt[114] e, durante a década de 1920, trocou cartas amigáveis com Franklin D. Roosevelt, dirigindo-se a ele nessas cartas como "Meu querido Frank", enquanto F.D.R. retribuía, dirigindo-se a ele como "Meu querido Madison".[115]

Resumindo, os progressistas do início do século XX compartilhavam mais do que um nome com os progressistas de uma época posterior, o que se estende até os dias atuais. Embora essas diferentes gerações de progressistas tenham chegado a conclusões opostas sobre quais são os motivos das diferenças raciais nos resultados econômicos e sociais, elas compartilhavam visões muito semelhantes sobre o papel do governo em geral — e dos juízes, em particular. Além disso, tinham práticas semelhantes ao lidar com evidências empíricas. Ambas as gerações se mantiveram, em grande parte, indiferentes às evidências ou às conclusões contrárias às próprias crenças.

Ao abordar uma das questões centrais do início do século XX nos Estados Unidos — o aumento maciço da imigração do Leste e do Sul da Europa que teve início na década de 1880 —, os progressistas foram além da alegação de que a geração atual de imigrantes era menos produtiva ou menos avançada do que as gerações anteriores da Europa Ocidental e do Norte da Europa. A alegação dos progressistas era de que, tanto no passado quanto no futuro, os europeus do leste e do sul eram inerente, genética e, portanto, permanentemente inferiores.

De modo irônico, a civilização ocidental que todos esses europeus compartilhavam teve origem, milhares de anos antes, no sul da Europa — especificamente na Grécia Antiga, localizada a leste do Mediterrâneo. As próprias palavras que os deterministas genéticos usaram foram escritas em letras criadas pelos romanos no sul da Europa. Naqueles tempos antigos, os europeus do sul eram mais avançados. No tempo do Império Romano, Cícero advertiu seus colegas romanos a não comprarem escravos britânicos, porque era muito difícil ensinar o trabalho para eles.[116] É difícil enxergar como poderia ter acontecido de outra maneira, quando alguém de um povo tribal analfabeto da antiga Grã-Bretanha foi trazido como escravo para uma civilização altamente complexa e sofisticada como a da Roma Antiga.

Quanto à alegação de que as crianças imigrantes do sul e do leste europeu testadas em Ellis Island "não conseguem lidar com abstrações",[117] isso dificilmente pode ser considerado uma prova de uma incapacidade *genética* das pessoas vindas dessas regiões de lidar com abstrações. Os gregos antigos não apenas aprenderam matemática;

eles estavam entre os *criadores* da matemática — sendo Euclides na geometria e Pitágoras na trigonometria.

Tampouco precisamos acreditar que havia alguma superioridade *biológica* dos gregos antigos no sudeste da Europa. Uma série de tratados geográficos sobre a história do desenvolvimento socioeconômico da Europa, elaborados pelo professor N.J.G. Pounds, ofereceu uma explicação muito diferente do motivo pelo qual os primeiros desenvolvimentos da civilização ocidental começaram onde começaram:

> A maioria dos avanços significativos na cultura material do homem, como a agricultura e a fundição de metais, foi feita no Oriente Médio e entrou na Europa pela península dos Bálcãs. A partir daí, eles foram difundidos para o noroeste, para a Europa Central e, depois, para a Europa Ocidental.[118]

Ao longo dos milhares de anos de história registrada, a liderança mundial em diversos avanços fundamentais da humanidade mudou de mãos repetidas vezes. O fato da Europa Ocidental e da Setentrional terem sido mais avançadas em alguns aspectos do que a Europa Oriental e a Meridional no início do século XX não foi motivo para os deterministas genéticos eternizarem essa relação com o passado e o futuro desses povos.

Entre as populações de diferentes raças, em países do mundo inteiro, os grupos que têm pontuações baixas em testes mentais geralmente têm uma pontuação mais baixa em questões abstratas.[119] Isso não parece ser surpreendente, uma vez que as abstrações não desempenham um papel importante na vida das pessoas — principalmente entre as pessoas de baixa renda e da classe trabalhadora, que estavam em maior número entre os imigrantes do sul e do leste europeu, os quais foram submetidos a testes em Ellis Island.

Entre as elites gregas antigas, cujas realizações incluíam não apenas a matemática, mas também a filosofia, a literatura e a arquitetura, a história era muito diferente. Os gregos antigos construíram edifícios magníficos na Acrópole que, milhares de anos depois, serviram de modelo para edifícios icônicos em muitos outros países. O edifício do Capitólio, nos Estados Unidos, e o da Suprema Corte, do outro lado da rua do Capitólio, são exemplos disso. Qualquer pessoa que tenha visto o Lincoln Memorial, em Washington, e o Parthenon, construído na antiga Atenas, dificilmente deixará de notar a semelhança entre essas construções. Os gregos antigos criaram, ainda, estátuas e bustos requintados de seres humanos que as pessoas até hoje admiram e se maravilham em museus de diversos países.

Por outro lado, as estruturas primitivas e as tentativas grosseiras de representar semelhanças humanas, feitas pelos antigos britânicos que foram contemporâneos dos antigos gregos, não inspiram essa admiração ou imitação. Os nomes de pensadores gregos antigos, como Sócrates, Platão, Aristóteles, Euclides e Pitágoras, ainda ressoam nos dias atuais. Não há, no entanto, um único britânico desses mesmos períodos da Antiguidade cujo nome possa ser encontrado nas páginas de livros de história.[120]

Nos séculos XVIII e XIX d.C., entretanto, os britânicos lideraram o mundo durante a Revolução Industrial. Além disso, as descobertas científicas que os britânicos fizeram nos séculos anteriores à Revolução Industrial — incluindo as conquistas científicas de Sir Isaac Newton, que também foi um dos criadores do cálculo — superam qualquer coisa produzida pelos contemporâneos gregos da Grã-Bretanha no século XIX. O Império Britânico do século XIX incluía um quarto da área terrestre da Terra e um quarto de todos os seres humanos do planeta. Um autor italiano do século XX levantou a questão: "Em primeiro lugar, como uma ilha periférica passou da miséria primitiva para a dominação mundial?"[121]

Esses fatos incontestáveis da história servem de argumento contra o determinismo genético quando os povos de partes distintas da Europa eram claramente mais avançados em diferentes séculos. Essas mudanças radicais ao longo de milênios de história sugerem desigualdades recíprocas em grande escala, de épocas históricas muito diferentes.

Atualmente, algumas pessoas com uma filosofia livre de julgamentos podem se recusar a dizer que as habilidades dos gregos ou dos britânicos eram superiores. Mas isso é apenas uma fuga verbal da realidade pura de que cada povo tinha habilidades superiores ao outro em diferentes épocas. Essas inversões de habilidades relativas de uma época para outra colocam em questão se essas diferentes capacidades eram *genéticas*.

Admitir a realidade, de maneira honesta, de que houve grandes diferenças nas habilidades específicas de diferentes povos, em diferentes épocas e lugares, não significa renunciar o determinismo genético. As comparações entre diversos grupos de europeus também não são a única evidência contra uma justificativa genética. Há mil anos, os chineses eram mais avançados do que os europeus em muitos empreendimentos.[122] Muitos séculos depois, no entanto, suas posições se inverteram — e não há evidências de que a composição genética dos chineses ou dos europeus tenha mudado.

Além disso, houve disparidades igualmente grandes *em* diferentes grupos da mesma raça. Em 1994, por exemplo, os milhões de chineses que vivem no exterior produziram tanta riqueza quanto o bilhão de pessoas que residem na China.[123] A raça era a mesma, mas a produção de riqueza per capita era radicalmente outra. Atualmente, podemos ver um padrão semelhante nos Estados Unidos, quando muitos dos condados mais pobres do país têm populações predominantemente brancas, com renda familiar média inferior à dos negros norte-americanos.[124] Ninguém entrou nesses condados e explorou essas pessoas. Elas simplesmente não produziram tanto.

Os deterministas genéticos do início da era progressista pegaram uma amostra muito pequena das evidências disponibilizadas para eles. A história da Grécia e da Roma antigas já era bastante conhecida como as origens da civilização ocidental e, nos tempos antigos, esses lugares estavam muito à frente do restante da Europa. Quaisquer que fossem as posições relativas das diferentes regiões da Europa durante a era progressista, enxergar suas posições naquela época como geneticamente determinadas implicava que elas eram permanentes, tanto para o futuro quanto para o passado. Mas as evidências prontamente disponíveis sobre o passado diziam o contrário.

Mesmo as evidências puramente contemporâneas utilizadas durante o início da era progressista não eram, de forma alguma, inequívocas. Para responder às perguntas de uma seção específica dos testes mentais do Exército, era necessário saber coisas como a cor das safiras, a localização da Universidade de Cornell, a profissão de Alfred Noyes e a cidade em que o automóvel Pierce Arrow foi fabricado.[125] É um enigma saber por que se esperava que os negros norte-americanos ou os imigrantes recém-chegados aos Estados Unidos soubessem dessas coisas. E um enigma ainda maior é entender por que essas informações seriam consideradas uma medida da inteligência inata de uma pessoa.

Nem todas as perguntas dos testes do Exército eram tão duvidosas quanto essas. Mas, para alguém que não estava à altura de responder a perguntas mais válidas, fazer com que sua prisão ou sua liberdade dependesse do fato de a pessoa ter ou não essas diferentes informações parece grotesco.

O pioneiro dos testes mentais, Carl Brigham, afirmou em 1923 que os testes do Exército forneciam um "inventário" da "capacidade mental" com "uma base científica".[126] Essa não foi a primeira nem a última vez que a palavra "científica" foi invocada sem os métodos ou a exatidão da ciência. Brigham, entretanto, foi um dos poucos que se retratou posteriormente. Em um texto escrito em 1930, ele apontou tardiamente que muitos dos homens imigrantes testados pelo Exército foram criados em lares no qual o idioma falado não era o inglês. Ele declarou sinceramente que suas conclusões anteriores eram — nas palavras dele — "sem fundamento".[127]

Só o futuro poderá dizer quantas pessoas que se declaram totalmente convencidas na atualidade, com crenças opostas, poderão seguir os mesmos passos de Carl Brigham mais tarde.

Ao longo dos anos, foram se acumulando cada vez mais evidências que enfraqueceram as conclusões dos deterministas genéticos da era progressista. Por exemplo, os judeus que obtiveram pontuações baixas nos testes mentais do Exército de 1917 começaram a obter pontuações acima da média nacional em diversos testes de QI e em provas para entrar na universidade[128] à medida que se tornavam um grupo que falava inglês. Essa e outras evidências, como os QIs de órfãos negros criados por famílias brancas,[129] enfraqueceram a principal premissa do determinismo genético — sua justificativa para a necessidade de medidas drásticas, a fim de evitar que algumas raças se reproduzissem, com base na suposição de que as taxas de natalidade mais altas dessas raças levariam a um declínio no QI da população do país ao longo do tempo.

Um golpe decisivo contra esse argumento foi dado por meio da pesquisa posterior do Professor James R. Flynn, um norte-americano expatriado na Nova Zelândia. Sua pesquisa mostrou que, em mais de uma dúzia de países em todo o mundo, o desempenho médio nos testes de QI *aumentou* substancialmente — em um desvio padrão ou mais — em uma ou duas gerações.[130]

Essa tendência vinha ocorrendo há anos, antes que a pesquisa do Professor Flynn a revelasse. O motivo pelo qual ela não era óbvia para outros pesquisadores que vieram antes dele era que os resultados dos testes de QI foram repetidamente renomeados, para manter o número médio de perguntas respondidas corretamente em seu nível definido como 100.[131] Como mais pessoas responderam corretamente a mais perguntas do teste de QI ao longo dos anos, um QI de 100, agora, representava responder corretamente a mais perguntas do que antes. Como o Professor Flynn voltou às pontuações brutas originais das questões respondidas corretamente nos testes de QI, esses desempenhos crescentes nesses testes foram revelados.[132]

Embora a média do QI dos negros, por exemplo, tenha permanecido mais ou menos constante, em cerca de 85 durante anos, essa regularidade ocultou o fato de que eles, assim como outros, estavam respondendo corretamente a mais perguntas do teste de QI do que no passado. De acordo com as normas utilizadas no período de

1947–1948, o número de questões que os negros responderam corretamente em 2002 lhes daria um QI médio de 104. Esse resultado era um pouco mais alto do que o desempenho médio dos norte-americanos em geral durante o período anterior.[133]

Resumindo, o desempenho dos negros nos testes de QI havia aumentado significativamente ao longo do tempo, assim como o de outras pessoas nos Estados Unidos e em outros países, apesar de a renormalização dos testes ter ocultado essas mudanças. Dados posteriores publicados por Charles Murray, em 2021, mostraram que o QI médio dos negros agora era de 91,[134] acima dos 85 habituais em épocas anteriores. Isso significava que os resultados melhores dos negros nos testes de QI não havia simplesmente acompanhado os resultados melhores de outras pessoas — havia melhorado um pouco mais.

O efeito devastador da pesquisa do professor Flynn foi que ela destruiu a lógica que era o foco das conclusões dos deterministas genéticos da era progressista do início do século XX, que haviam proclamado a necessidade urgente de impedir que pessoas com QI mais baixo se reproduzissem, partindo do pressuposto de que elas eram geneticamente incapazes de atingir o mesmo nível intelectual médio que era, então, vigente. Portanto, com base nessa suposição, a inteligência da população da nação como um todo diminuiria com o tempo. Porém, mesmo se presumirmos, para fins de argumentação, que os resultados dos testes de QI são uma medida perfeita de inteligência, a evidência factual é que as pessoas em diversos países estavam respondendo corretamente a *mais* perguntas do teste de QI nos últimos anos, e não menos.

Outra coisa estava implícita no determinismo genético da era progressista do início do século XX: que havia um *limite* geneticamente determinado para a inteligência de alguns grupos, o que tornava obrigatório impedir que eles se reproduzissem. Já em 1944, Gunnar Myrdal relatou, em seu livro pioneiro *An American Dilemma*, que a crença em um limite baixo para a inteligência da população negra era comum entre os norte-americanos brancos da época.[135]

No entanto, apenas uma geração depois, o próprio Arthur R. Jensen, da Universidade da Califórnia em Berkeley — o principal acadêmico que pesquisava o efeito dos genes no QI — repudiou a conclusão do limite de QI e perguntou "por que alguém deveria se surpreender ao descobrir que existem crianças negras com QI de 115 ou mais, ou que haveria um número maior delas em um bairro rico e integrado em Los Angeles?"[136]

Com o desaparecimento da suposição implícita de um limite de QI baixo pelos deterministas genéticos do início da era progressista e com a queda esperada nos desempenhos dos testes de QI agora contradita com base em *aumentos* generalizados nos desempenhos dos testes de QI nas gerações posteriores, conforme descoberto por meio da pesquisa do professor Flynn,[137] aquele é um capítulo da história da humanidade que, felizmente, está encerrado — embora não antes de ter dado uma justificativa para o *genocídio*. Seu significado duradouro para a nossa era é como um aviso extremamente urgente contra debandadas ideológicas intolerantes, mesmo quando estas são lideradas por acadêmicos e intelectuais importantes e disseminadas por um grande número de instituições.

Progressivismo Tardio

Nas últimas décadas do século XX e no século XXI, os progressistas mais atuais substituíram a discriminação racial pelos genes como justificativa automática das diferenças entre os grupos nos resultados econômicos e sociais. Os testes mentais — que antes eram exaltados como uma personificação da "ciência", supostamente provando o determinismo genético — agora foram automaticamente descartados como tendenciosos, quando os testes de admissão às faculdades — SAT e ACT — produziam resultados conflitantes com a nova agenda de justiça social de representação demográfica imposta por diversos grupos sociais em várias instituições e esforços.

Nessa nova era progressista, as disparidades estatísticas entre negros e brancos, em qualquer tipo de esforços, geralmente são suficientes para concluir que o motivo foi a discriminação racial. Com frequência, também há dados estatísticos sobre os asiático-americanos nesses mesmos esforços. Esses dados, no entanto, são quase sempre omitidos, não apenas pela mídia, mas até mesmo por estudiosos acadêmicos em universidades de elite. Eles geralmente representam um sério desafio para as conclusões obtidas pelos atuais progressistas.

No mercado de trabalho, por exemplo, costuma-se dizer que os negros são "os últimos a serem contratados e os primeiros a serem demitidos" quando há recessão econômica. Os funcionários negros de fato podem ser demitidos durante uma recessão econômica mais cedo ou em maior proporção do que os funcionários brancos. Mas os dados também mostram que os funcionários brancos geralmente são demitidos antes dos funcionários asiático-americanos.[138] Será que isso pode ser atribuído à discriminação racial contra os brancos por parte de empregadores que, geralmente, também eram brancos? Devemos aceitar dados estatísticos como evidência mesmo quando eles se encaixam nos preconceitos existentes, mas não aceitá-los quando vão contra esses mesmos preconceitos?

Ou devemos ser poupados desses problemas por aqueles que simplesmente omitem fatos que vão contra sua visão ou sua agenda?

Um dos principais fatores do boom e do colapso imobiliário que gerou uma crise econômica nos Estados Unidos no início do século XXI foi a crença generalizada de que havia uma discriminação racial desenfreada por parte dos bancos e de outras instituições de crédito contra negros que solicitavam empréstimos hipotecários. Muitas estatísticas de diversas fontes mostraram que, embora a maioria dos candidatos negros e brancos a empréstimos hipotecários convencionais fosse aprovada, os candidatos negros eram rejeitados em uma proporção maior do que os brancos aos mesmos tipos de empréstimo. No entanto, os dados estatísticos que mostravam que os brancos eram recusados para esses mesmos empréstimos com mais frequência do que os asiático-americanos eram quase universalmente omitidos.[139]

Também não havia nenhum grande mistério quanto ao motivo disso. A classificação de crédito média dos brancos era mais alta do que a dos negros, e a classificação de crédito média dos asiático-americanos era mais alta do que a dos brancos.[140] Essa também não era a única diferença economicamente relevante.[141]

No entanto, houve pedidos indignados na mídia, no meio acadêmico e na política para que o governo "fizesse algo" em relação à discriminação racial por parte de bancos e outros credores hipotecários. O governo respondeu fazendo muitas coisas. O resultado líquido foi que o governo forçou os credores a reduzir seus critérios de concessão de crédito.[142] Isso tornou os empréstimos hipotecários tão arriscados que muitas pessoas, inclusive o autor deste livro, alertaram que o mercado imobiliário poderia "entrar em colapso como um castelo de cartas".[143] Quando isso aconteceu, toda a economia entrou em colapso.[144] E a população negra de baixa renda estava entre os prejudicados.

A mesma questão pode ser levantada sobre os padrões de aprovação de hipotecas como a questão sobre contratação e demissão no mercado de trabalho. Será que os credores hipotecários, predominantemente brancos, estavam discriminando os candidatos brancos? Se isso parece altamente improvável, também é improvável que os bancos de propriedade de negros estivessem discriminando candidatos negros a empréstimos hipotecários. Entretanto, os candidatos negros foram recusados em uma taxa ainda maior por um banco de propriedade de negros.[145]

A história praticamente se repete com relação à disciplina dos alunos nas escolas públicas. As estatísticas mostram que os homens negros foram punidos por mau comportamento com mais frequência do que os homens brancos. Devido ao preconceito predominante de que o comportamento de grupos diferentes não pode ser diferente, isso automaticamente se tornou outro exemplo de discriminação racial — e, literalmente, uma questão federal. Uma declaração conjunta dos Departamentos de Educação e de Justiça dos EUA alertou os funcionários de escolas públicas de que eles queriam o fim do que caracterizavam como um padrão racialmente discriminatório.[146]

Dados estatísticos de um estudo de referência sobre o ensino norte-americano — *No Excuses: Closing the Racial Gap in Learning*, de Abigail Thernstrom e Stephan Thernstrom — mostraram que os alunos negros eram punidos duas vezes e meia a mais do que os alunos brancos, *os quais, por sua vez, eram punidos duas vezes mais do que os alunos asiáticos.*[147] Será que os professores, predominantemente brancos, tinham preconceito contra os alunos brancos? Da mesma maneira, a punição dos alunos negros também não estava relacionada ao fato de os professores envolvidos serem negros ou brancos.[148]

Embora possamos analisar todas essas estatísticas por raça, isso não significa, necessariamente, que os empregadores, credores ou professores tomaram suas decisões com base na raça. Se os funcionários negros, brancos e asiáticos tivessem uma distribuição diferente de cargos ou fossem distribuídos de maneira distinta em diferentes níveis nas mesmas funções, então as decisões sobre quais tipos de cargo — ou desempenho profissional — eram dispensáveis durante uma crise econômica poderiam resultar nas disparidades raciais observadas.

É improvável que os funcionários do setor bancário que decidem quais solicitações de empréstimo devem ser aceitas ou rejeitadas tenham realmente visto os rostos dos solicitantes. É mais provável que esses candidatos tenham conversado com atendentes do banco. Estes, então, passariam dados como renda, entre outros — incluindo as classificações de crédito individuais — para os funcionários em cargos superiores, que aprovariam ou rejeitariam as solicitações. Nas escolas públicas, os professores obviamente podem ver os alunos cujo comportamento inadequado eles relataram, mas o fato de professores negros e brancos terem feito relatos semelhantes sugere que a raça provavelmente também não seria o principal fator nesse caso.

Talvez o momento da história norte-americana em que houve o mais amplo consenso sobre as questões raciais, além das linhas raciais, tenha sido a ocasião do histórico discurso de Martin Luther King no Lincoln Memorial em 1963. Foi quando ele disse que seu sonho era um mundo onde as pessoas "não serão julgadas pela cor da pele, mas pelo conteúdo de seu caráter".[149] Sua mensagem era a igualdade de oportunidades para todas as pessoas, independentemente da raça. Essa agenda e o amplo consenso que ela tinha, no entanto, começaram a se desgastar ao longo dos anos. O objetivo mudou de oportunidades iguais para as pessoas, independentemente da raça, para resultados iguais para os grupos, quer eles fossem definidos por raça, sexo ou por outros critérios.

A agenda da justiça social passou a ser o fator dominante. E incluía resultados iguais no presente e reparações pelo passado. Essa nova agenda tinha como base a história, ou os mitos apresentados como história, bem como as afirmações apresentadas como fatos — estas últimas em um espírito que lembrava a certeza e a falta de atenção às evidências na era do determinismo genético.

Capítulo 3

FALÁCIAS DAS PEÇAS DE XADREZ

Em grande parte da literatura que fala sobre justiça social, incluindo o clássico *Uma Teoria da Justiça*, do professor John Rawls, foram recomendadas diversas políticas com base em sua conveniência do ponto de vista moral, porém, muitas vezes, com pouca ou nenhuma atenção à questão prática dessas políticas, ou seja, se elas poderiam, de fato, ser executadas e produzir os resultados desejados. Por exemplo, em diversas passagens Rawls se referiu a coisas que a "sociedade" deveria "organizar", mas sem especificar os instrumentos ou a viabilidade desses arranjos.

É difícil imaginar que instituição além do governo poderia assumir uma tarefa tão gigantesca. Isso, por sua vez, levanta questões sobre os perigos de colocar mais poder nas mãos dos políticos que estão à frente do governo. Não se pode permitir que a palavra "organizar", que soa inocente, obscureça esses perigos. Designers de interiores *organizam*; já os governos *obrigam*. E essa diferença não é nada sutil.

Os governos precisam obrigar os cidadãos a obedecer a certas regras, desde leis de trânsito até leis contra o assassinato. Mas isso não significa que, ao expandir a compulsão do governo para o que quer que pareça desejável, não devemos considerar outras ameaças. Isso significaria acabar com a liberdade das pessoas em favor de qualquer tipo de crença que tenha atraído a atenção de algum segmento influente da população.

A abordagem de Rawls não é, de maneira alguma, exclusiva dele, ou mesmo dos tempos modernos. No século XVIII, já havia pessoas com ideias semelhantes. Adam Smith expressou sua oposição a essas pessoas e à própria presunção de algum teórico doutrinário — um "homem do sistema", como ele disse — que "parece imaginar que é capaz de organizar os diferentes membros de uma grande sociedade com tanta facilidade quanto uma pessoa organiza as diferentes peças em um tabuleiro de xadrez com apenas uma mão".[2]

A exaltação da *conveniência* e a negligência da *viabilidade*, criticada por Adam Smith, ainda hoje é um ingrediente importante nas falácias fundamentais da visão de justiça social. Suas implicações se estendem a uma grande variedade de questões, que vão desde a redistribuição da riqueza até a interpretação das estatísticas relacionadas à renda.

O confisco e a redistribuição da riqueza — seja em uma escala moderada ou abrangente — estão no centro da agenda da justiça social. Embora os defensores da justiça social enfatizem o que consideram ser a conveniência dessas políticas, tendem a dar muito menos atenção à viabilidade delas, e as consequências de tentar e falhar geralmente não recebem praticamente nenhuma atenção.

Não há dúvida de que os governos, ou mesmo os saqueadores locais, conseguem redistribuir a riqueza até certo ponto. Mas a questão mais importante é se os efeitos reais da tentativa de estabelecer políticas de confisco e redistribuição mais abrangentes e duradouras provavelmente serão bem-sucedidos ou contraproducentes. Deixando as questões morais de lado por enquanto, essas são, em última instância, questões factuais para as quais devemos buscar respostas no campo das evidências empíricas, e não em teorias ou na retórica.

REDISTRIBUIÇÃO DA RIQUEZA

Por mais atraentes que o confisco e a redistribuição da riqueza dos mais "ricos" possam parecer, o grau em que isso pode ser realizado na prática depende do grau em que os "ricos" são considerados peças inertes em um tabuleiro de xadrez. Como "os ricos" podem prever e reagir às políticas redistributivas, as consequências reais podem ser muito diferentes do que se pretendia.

Em uma monarquia absolutista ou em uma ditadura totalitária, um confisco em massa do patrimônio de "milionários e bilionários", tão frequentemente citados como alvos, pode ser imposto de imediato e sem aviso prévio. Mas em um país que tem um governo eleito democraticamente, a tributação confiscatória ou outras formas de confisco devem, primeiro, ser propostas publicamente e, em seguida, obter apoio político suficiente ao longo do tempo entre os eleitores antes de serem impostas por lei. Se os "milionários e bilionários" não estiverem alheios a tudo isso, há poucas chances de que eles não saibam do confisco e da redistribuição iminentes antes que estes aconteçam. Também não podemos presumir que eles simplesmente esperarão passivamente para serem tosquiados como ovelhas.

Entre as opções mais óbvias disponíveis para os "ricos" — quando avisados do confisco de grande parte de seu patrimônio — estão (1) investir seu dinheiro em títulos isentos de impostos, (2) enviar seu dinheiro para fora da jurisdição tributária ou (3) mudar-se para fora dela.

Nos Estados Unidos, a jurisdição tributária pode ser uma cidade, um estado ou o governo federal. As diferentes formas de proteger o dinheiro da tributação podem ter algum custo para "os ricos" e, quando seu patrimônio está incorporado em ativos imóveis, como usinas siderúrgicas ou redes de lojas, pode haver pouco que eles consigam fazer para escapar do confisco desses ativos especificamente. No caso de ativos líquidos nas atuais economias globalizadas, no entanto, grandes somas de dinheiro podem ser transferidas de um país para outro por meio eletrônico, com apenas um clique.

Isso significa que as consequências reais do aumento das alíquotas de impostos sobre "os ricos" em determinada jurisdição é uma questão factual. O resultado não é necessariamente previsível, e as possíveis consequências podem ou não viabilizar o confisco planejado. Aumentar a *alíquota de imposto* em X% não garante que a *receita tributária* também aumentará em X% — ou que ela sequer aumentará. Quando passamos da teoria e da retórica para os fatos históricos, colocamos à prova as suposições explícitas e implícitas da visão de justiça social.

Histórico

No século XVIII, a imposição pela Grã-Bretanha de um novo imposto sobre suas colônias norte-americanas desempenhou um papel importante no desencadeamento de uma série de eventos que levou essas colônias a declararem sua independência e a se tornarem os Estados Unidos da América. Na época, no Parlamento Britânico, Edmund Burke apontou: "Seu esquema não gera receita; não gera nada além de descontentamento, desordem, desobediência..."[3]

Os norte-americanos não eram apenas peças inertes no grande tabuleiro de xadrez do Império Britânico. A independência norte-americana privou a Grã-Bretanha não só da receita de novos tributos que eles impuseram, mas também privou os britânicos da receita de outros impostos que eles já vinham cobrando das colônias norte-americanas. Essa não foi, de maneira alguma, a única vez em que um aumento na taxa oficial de tributação levou a uma *redução* na receita tributária efetivamente arrecadada.

Taxas de Impostos versus Receitas Fiscais

Séculos depois, ocorreram retiradas semelhantes de jurisdições tributárias nos Estados Unidos. O estado de Maryland, por exemplo, antecipou a arrecadação de mais de US$100 milhões em receitas fiscais extras, aumentando a alíquota de impostos sobre pessoas físicas cuja renda era de US$1 milhão por ano ou mais. Porém, quando a nova alíquota entrou em vigor em 2008, a população de Maryland que tinha essa renda havia diminuído de quase 8 mil para menos de 6 mil. A receita tributária, que deveria ter aumentado em mais de US$100 milhões, na verdade *diminuiu* em mais de US$200 milhões.[4]

Da mesma forma, quando o Oregon aumentou a alíquota do imposto de renda em 2009 para pessoas físicas cuja renda era em torno de US$250 mil por ano ou mais, a receita do imposto de renda também *diminuiu*, em vez de aumentar.[5] Os norte-americanos ainda não eram peças inertes de xadrez.

No entanto, nada disso aconteceu exclusivamente com os norte-americanos. Quando outros países aumentaram consideravelmente — ou ameaçaram aumentar — as alíquotas de impostos sobre as altas rendas, na expectativa de que isso automaticamente traria mais receita tributária, fato que pode ou não ocorrer, algo semelhante aconteceu. Conforme esses planos foram apresentados na Grã-Bretanha, por exemplo, o *Wall Street Journal* publicou a seguinte notícia:

> Há um fluxo de gerentes de fundos de hedge e outros profissionais de serviços financeiros deixando o Reino Unido devido aos planos de aumentar as alíquotas máximas de impostos a pessoas físicas para 51%... Advogados estimam que os fundos de hedge que administram cerca de US$15 bilhões em ativos foram transferidos para a Suíça no ano passado, e é possível que mais pessoas venham a fazer o mesmo.[6]

Por outro lado, uma *redução* nas alíquotas de impostos não resulta automaticamente em uma redução na receita tributária. As pessoas não são peças inertes de xadrez em nenhum dos casos. Da mesma forma que alíquotas mais altas podem repelir pessoas, empresas e investimentos, alíquotas mais baixas podem atraí-los. Na Islândia, quando a alíquota do imposto corporativo foi gradualmente reduzida de 45% para 18% entre 1991 e 2001, a receita tributária do país triplicou.[7]

Nos Estados Unidos, os títulos isentos de impostos são uma maneira óbvia de as pessoas com uma renda alta evitarem o pagamento de altas taxas de impostos. Como a alíquota do imposto de renda federal subiu muito durante o governo de Woodrow Wilson, o número de pessoas que declaravam renda tributável de US$300 mil ou mais diminuiu: em 1916, eram muito mais de mil pessoas e, em 1921, foi para menos de trezentas. A alíquota do imposto de renda federal sobre as rendas mais altas em 1920 era de 73%.[8] Em 1928, a alíquota mais alta do imposto de renda havia sido reduzida para 25%. Entre 1920 e 1928, o valor total da receita do imposto de renda arrecadado *aumentou*, e a proporção de todos os impostos de renda arrecadados de pessoas que ganham US$1 milhão ou mais por ano também *aumentou*, de menos de 5%, em 1920, para 15,9%, em 1928.[9]

Ao defender essas reduções nas alíquotas de impostos na década de 1920, o secretário do Tesouro, Andrew Mellon, apontou que os ricos tinham grandes somas de dinheiro investidas em títulos isentos de impostos.[10] Esses pagavam uma taxa de retorno menor do que outros sujeitos a tributação. Investir em títulos isentos de impostos, apesar de ter uma taxa de retorno menor, fazia sentido quando a alíquota máxima de imposto era de 73%. Mas, com uma alíquota máxima de 25%, para muitas pessoas de alta renda, fez mais sentido transferir seus investimentos para outros títulos que pagavam uma taxa de retorno mais alta, mesmo que esse retorno estivesse sujeito a tributação.

As pessoas cuja renda é alta perceberam isso, uma vez que elas não representam as peças inertes de xadrez. Assim, com a alíquota mais baixa, o governo federal arrecadou mais receita tributária, porque 25% de alguma coisa é melhor do que 73% de nada.

Tanto o secretário do Tesouro, Andrew Mellon, quanto o presidente, Calvin Coolidge, disseram de antemão que a redução da *alíquota* aumentaria a *receita* tributária,[11] como de fato aconteceu, e traria mais receita das pessoas de alta renda. O secretário Mellon também reclamou que os títulos isentos de impostos haviam gerado uma situação que era "repugnante" em uma democracia, ou seja, que existia, de fato, "uma classe na comunidade que não pode ser alcançada para fins de impostos".[12] Ao não conseguir fazer com que o Congresso tomasse medidas para acabar com os títulos isentos de impostos,[13] Mellon pelo menos conseguiu fazer com que as pessoas cuja renda é mais alta pagassem uma parcela maior do imposto de renda por outros meios.

No entanto, os argumentos de Mellon para a redução da alíquota máxima de impostos foram considerados "cortes de impostos para os ricos", assim como planos semelhantes por motivos semelhantes têm sido criticados desde então.[14]

Para algumas pessoas — inclusive professores ilustres de universidades de elite —, a hipótese implícita de que as *receitas* tributárias se movem automaticamente na mesma direção que as *alíquotas* de impostos parece resistente a evidências factuais. Mas essas evidências estão disponíveis na internet, nos registros oficiais do Internal Revenue Service.[15] Contudo, a falácia das peças de xadrez permanece, em grande parte, incontestável, de modo que os defensores da justiça social podem continuar a defender alíquotas de impostos mais altas sobre os ricos, com base em sua *conveniência* do ponto de vista deles, sem levar em conta as questões relativas à sua *viabilidade* como mecanismo de arrecadação de receita.

Na política, propostas muito caras para que o governo ofereça diversos benefícios "gratuitos" a todos podem ser muito atraentes para alguns eleitores, quando é dito que os custos extras para o governo serão pagos com a arrecadação de impostos mais altos de "milionários e bilionários", independentemente disso ser verdade ou não. Alguns eleitores podem gostar desse modelo de gestão, de uma perspectiva da justiça social, porém a *conveniência* não exclui questões de *viabilidade*.

Na política, o objetivo não é expor a verdade, mas ganhar votos. Se a maioria dos eleitores acredita no que é dito por políticos, essa retórica é um sucesso — para eles. Mas, do ponto de vista do público, a alegação de que o custo das doações do governo será pago pelos impostos cobrados de "milionários e bilionários" é uma alegação que requer uma análise empírica, uma vez que "milionários e bilionários" nem sempre são solidários a essas propostas.

As pessoas que imaginam que os benefícios que recebem "gratuitamente" do governo serão pagos por outros podem acabar descobrindo que elas mesmas pagam por esses benefícios, devido ao resultado da inflação.

O "Imposto" sobre a Inflação

Assim como, no papel, as taxas de impostos não são necessariamente cobradas, coisas que *não* são impostos podem ter o mesmo efeito que os impostos. A inflação é uma delas.

Quando as receitas fiscais para pagar os benefícios "gratuitos" concedidos pelo governo a diversos grupos não conseguem cobrir suas despesas, o governo consegue obter o dinheiro extra, necessário para cobrir o deficit, por meio da emissão e venda de mais títulos públicos. Na medida em que esses títulos são comprados no mercado, o custo é repassado, com acréscimo de juros, para os contribuintes no futuro. Porém, se não houver compra suficiente desses títulos para cobrir o deficit remanescente, eles podem ser comprados pelo Federal Reserve, um órgão do governo federal legalmente autorizado a emitir dinheiro. O resultado disso é a inflação, à medida que esse dinheiro extra entra em circulação.

O resultado líquido dos aumentos de preços inflacionários é que o *dinheiro de todos* — independentemente de sua renda — perde parte de seu valor. É como se um imposto fosse cobrado de todos, do mais pobre ao mais rico, e todos pagassem a mesma taxa de imposto sobre seu dinheiro que os "milionários e bilionários". Mas um imposto sobre o dinheiro *não* é um imposto sobre bens tangíveis, como fábricas ou imóveis, cujo valor de mercado aumenta durante uma inflação. O resultado líquido de tudo isso é que um "imposto" sobre a inflação pode tomar uma porcentagem maior dos ativos das pessoas mais pobres, cujo dinheiro provavelmente será uma porcentagem maior de seus ativos totais, porque é menos provável que elas sejam proprietárias de fábricas, imóveis e outros bens tangíveis cujo valor de mercado aumenta durante uma inflação.

Resumindo, um "imposto" sobre a inflação provavelmente será um imposto *regressivo*, pago na compra de mantimentos, gasolina ou outros bens de consumo a preços mais altos. A ilusão de obter benefícios "gratuitos" do governo pode ser mantida, desde que os beneficiários não percebam a conexão entre os preços mais altos que acabam pagando por tudo o que compram, depois que o governo lhes oferece coisas "gratuitas".

Os maiores favorecidos dessa situação provavelmente serão os políticos, que conseguem atrair eleitores por meio da oferta de benefícios "gratuitos" — "como um direito, não um privilégio" — pelos quais os eleitores acabam pagando de maneira indireta, com os aumentos nos preços dos produtos que compram devido à inflação.

Os políticos encobrem seus rastros referindo-se ao principal mecanismo — a impressão de dinheiro pelo Federal Reserve para a compra de títulos do governo — por meio da expressão obscura "flexibilização quantitativa", em vez de dizer claramente que o governo está produzindo mais do próprio dinheiro para pagar pelas coisas que está distribuindo "gratuitamente". Às vezes, é utilizado um termo mais técnico — "QE2" — para designar uma segunda rodada de impressão de dinheiro. Isso soa muito mais expressivo do que simplesmente dizer "imprimir mais dinheiro para os políticos gastarem".

PEÇAS DE XADREZ E CONTROLE DE PREÇOS

Assim como o comportamento das pessoas muda quando os governos alteram suas alíquotas de impostos, o comportamento delas também muda quando os governos alteram os termos de outras transações. Esse é um dos princípios mais básicos da economia e é conhecido há séculos por economistas e outros profissionais, antes mesmo da profissão de economista existir.[16] Mas o que é de conhecimento de alguns pode não ser de outros. Por isso, há milhares de anos — desde os tempos romanos e, inclusive, na antiga Babilônia —, os governos têm fixado os preços de diversos bens e serviços por meio de leis.[17]

Reações ao Controle de Preços

As pessoas sujeitas às leis de fixação de preços raramente permanecem passivas, como se fossem peças inertes no tabuleiro de xadrez. Não se sabe quantos governos entenderam isso antes de aprovar essas leis. O que se sabe é que um presidente dos Estados Unidos, Richard Nixon, que tinha plena consciência das consequências econômicas adversas do controle de preços, impôs esse controle mesmo assim. Sua resposta às críticas do economista Milton Friedman sobre essa decisão foi: "Não dou a mínima para *o que* Friedman diz. Ele não está concorrendo a uma reeleição."[18] O presidente Nixon foi reeleito com um número de votos ainda maior do que o colocou na Casa Branca pela primeira vez.

E as consequências econômicas do controle de preços foram as mesmas de outros lugares e épocas, há séculos. Com preços fixados pelo governo abaixo do nível estabelecido pela oferta e demanda, a quantidade demandada pelos consumidores aumentou — em virtude dos preços artificialmente mais baixos — e a quantidade fabricada pelos produtores diminuiu, também em virtude desses mesmos preços artificialmente mais baixos. Nem os consumidores nem os produtores eram peças inertes de xadrez. O resultado líquido foi a escassez generalizada de alimentos, gasolina e muitas outras coisas. Essas consequências, no entanto, se tornaram amplamente aparentes só *após* a eleição.[19]

Nada disso foi exclusivo dos Estados Unidos. Em 2007, quando o governo da nação africana do Zimbábue decretou cortes drásticos nos preços para lidar com a inflação descontrolada, o *New York Times* relatou que os cidadãos daquele país "saudaram os cortes de preços com uma eufórica onda de compras — e de curta duração". Mas, assim como nos Estados Unidos, esse aumento na demanda por parte dos consumidores foi acompanhado por uma *diminuição* na quantidade fornecida pelos produtores:

> Pão, açúcar e farinha de milho, alimentos básicos da dieta de todos os zimbabuanos, desapareceram das prateleiras... A carne é praticamente inexistente, mesmo para os membros da classe média que têm dinheiro para comprá-la no mercado negro... Nos hospitais, pacientes estão morrendo por falta de suprimentos médicos básicos.[20]

Na África, as pessoas também não eram peças inertes de xadrez, assim como na Europa ou na América do Norte.

Muitos estudos sobre diversas formas de controle de preços, em países de todo o mundo, revelaram padrões bastante semelhantes.[21] Isso levou algumas pessoas a perguntar: "Por que os políticos não aprendem com seus erros?" Eles *aprendem*. Os políticos aprendem o que é politicamente eficaz, e o que fazem *não* é um erro político, apesar de essas políticas ser desastrosas para o país. O que pode ser um erro político é presumir que determinados ideais — inclusive a justiça social — têm potencial para ser algo que a sociedade consegue simplesmente "organizar" por meio do governo, sem considerar os padrões específicos de incentivos e restrições inerentes à instituição governamental.

Leis de Salário Mínimo

Nem todas as leis de controle de preços forçam uma redução nos preços. Algumas delas provocam um aumento. No segundo caso, os produtores aumentam sua produção em virtude dos preços estarem mais altos; os consumidores, no entanto, compram menos. Novamente, em nenhum dos casos, as pessoas são peças inertes de xadrez. Enquanto as leis de controle de preços, que forçam uma redução nos preços, tendem a gerar escassez, as leis que forçam um aumento nos preços tendem a gerar excedentes não vendáveis.

As leis de controle de aluguel são exemplos do primeiro caso e geraram escassez de moradias em cidades de todo o mundo.[22] Os programas de ajuda aos preços agrícolas nos Estados Unidos são um exemplo do segundo caso e levam os agricultores a cultivar safras maiores do que os consumidores comprarão, a preços artificialmente mais altos. Os excedentes de produtos não vendáveis levaram à criação de programas governamentais caros para a compra e o armazenamento desse excedente, enquanto se descobre uma forma de descartá-lo e de limitar a produção futura. Esses custos chegam a muitos bilhões de dólares, tudo dinheiro vindo dos contribuintes.

Uma maneira especial de controle para forçar o aumento dos preços são as leis de salário mínimo, geralmente apoiadas por pessoas que têm uma visão de justiça social.

As leis de salário mínimo estão entre as várias políticas governamentais que muitos acreditam serem benéficas para os pobres, ao impedi-los de tomar decisões por si mesmos, as quais os tomadores de decisão substitutos consideram não tão boas quanto aquelas que eles são capazes de impor por meio do poder governamental.

Embora as taxas de salário mínimo sejam normalmente fixadas por lei em um nível inferior ao que o trabalhador médio ganha, essas leis tendem, no entanto, a fixar taxas salariais *mais altas* do que um iniciante não qualificado ganharia por oferta e demanda em um mercado livremente competitivo. Portanto, o impacto de uma lei de salário mínimo tende a ser maior sobre jovens que acabaram de entrar no mercado de trabalho — principalmente os adolescentes —, cujas taxas de desemprego são especialmente relevantes para testar os princípios econômicos que sugerem que as leis de salário mínimo geram taxas mais altas de desemprego.

Com todas as estatísticas oficiais disponíveis, poderia parecer que as diferenças de opinião relacionadas a esse assunto já teriam sido resolvidas há muito tempo. No entanto, ao longo dos anos, foram empregadas grandes quantidades de recursos engenhosos, buscando evitar o óbvio, no que diz respeito aos efeitos das leis de salário mínimo. Em vez de elaborar e analisar argumentos aqui neste livro, os quais já o foram em outros lugares,[23] pode ser suficiente expor alguns fatos simples.

Em 1948, a taxa de desemprego nos Estados Unidos para homens negros de 16 e 17 anos era de 9,4%; já a de seus colegas brancos era de 10,2%. Para homens negros de 18 e 19 anos, a taxa de desemprego era de 10,5%; para seus colegas brancos, de 9,4%.[24] Resumindo, em 1948, não havia diferenças raciais significativas nas taxas de desemprego entre adolescentes do sexo masculino.

Mesmo que uma taxa de desemprego de cerca de 10% para trabalhadores jovens e inexperientes seja mais alta do que a taxa de desemprego comum entre os trabalhadores da população em geral, ela era mais baixa do que o normal para os adolescentes. Mais importante ainda, para analisar os efeitos das leis de salário mínimo sobre o desemprego, essas taxas para adolescentes do sexo masculino eram apenas uma *fração* do que seriam para adolescentes do sexo masculino de ambas as raças a partir da década de 1970, estendendo-se até o início do século XXI.[25]

Não havia uma lei de salário mínimo em 1948? Não havia racismo? Na verdade, já existiam as duas coisas. No entanto, a lei federal de salário mínimo — Fair Labor Standards Act (Lei de Padrões de Trabalho Justo) de 1938 — já tinha uma década de existência em 1948, e os anos que se seguiram apresentaram taxas de inflação tão altas que o salário mínimo especificado em 1938 estava muito abaixo do que até um adolescente iniciante sem experiência (como eu, em 1948) recebia com a desvalorização do dólar naquele ano. Para todos os efeitos práticos, não havia uma lei de salário mínimo *em vigor*. Conforme disse o professor George J. Stigler, um dos principais economistas da época, em 1946: "As cláusulas da FLSA de 1938 sobre o salário mínimo foram revogadas por meio da inflação."[26]

Em 1950, entretanto, para acompanhar a inflação, iniciou-se uma série de aumentos na taxa do salário mínimo ao longo dos anos. A década de 1950 foi a última do século XX em que os homens negros de 16 e 17 anos tiveram taxas de desemprego anuais abaixo de 10% em todos os anos. Nas décadas posteriores do século XX, a taxa de desemprego anual de adolescentes negros do sexo masculino *nunca ficou abaixo de 20%*. Em alguns desses anos, ficou acima de 40%. Além disso, a taxa de desemprego entre os adolescentes negros do sexo masculino era, em geral, muito mais alta do que entre os adolescentes brancos do mesmo sexo. Dentro de alguns anos, a diferença chegou a ser de mais de 2 para 1.[27]

Qualquer pessoa que tenha vivido aqueles primeiros anos sabe que existia *mais* racismo naquela época do que existe atualmente. Já em 1950, as escolas públicas de Washington eram explicitamente segregadas por raça, e o General Accounting Office, assim como alguns outros órgãos federais, também segregavam seus funcionários dessa forma, embora não oficialmente.[28] Por que, então, não havia uma diferença significativa nas taxas de desemprego entre adolescentes do sexo masculino brancos e negros em 1948? A resposta é curta, de uma só palavra: economia.

O economista Milton Friedman, ganhador do Prêmio Nobel, criticou as leis de salário mínimo: "Uma das leis mais, se não a mais, antinegras existentes na legislação".[29] Um de seus alunos, Gary S. Becker, ganhou o Prêmio Nobel de Economia por seu trabalho emblemático, que incluía uma análise aprofundada da economia da discriminação.[30] O argumento básico presente nessa análise pode ser facilmente compreendido sem o vocabulário técnico dos economistas.

O racismo é uma atitude que existe dentro da cabeça das pessoas e pode não acarretar custo algum aos racistas. Mas a discriminação é um ato evidente no mundo real que pode custar pouco ou muito ao discriminador, dependendo das circunstâncias econômicas.[31] Em um mercado de livre concorrência, com preços determinados pela oferta e demanda, a discriminação pode ter sérios encargos para o discriminador.

As leis de salário mínimo reduzem o custo da discriminação para o discriminador. Uma taxa salarial estabelecida pelo governo — em um nível mais alto do que seria pela oferta e demanda em um mercado competitivo — causa reações tanto dos trabalhadores quanto dos empregadores, assim como acontece com outros vendedores e compradores que não são peças inertes de xadrez.

Os salários mais altos atraem mais candidatos a emprego. Mas esses custos mais altos tendem a reduzir a quantidade de mão de obra contratada pelos empregadores. O resultado líquido é um excedente contínuo de candidatos a empregos de baixa remuneração afetados pelas leis de salário mínimo. Nessas circunstâncias, os empregadores que recusam candidatos qualificados de minorias podem, muitas vezes, rapidamente substituí-los por outras pessoas qualificadas daquele excedente de candidatos a emprego. A discriminação nessas circunstâncias pode não custar nada ao empregador.

Quando não existe uma lei de salário mínimo, ou uma lei de salário mínimo *vigente*, como em 1948, é improvável que haja um excedente contínuo de candidatos a emprego. Nessas condições, os empregadores que recusam candidatos qualificados de minorias teriam que pagar mais para atrair outros candidatos qualificados para substituí-los ou, então, pagar horas extras para os funcionários existentes a taxas mais altas — o que representaria mais gastos ao empregador em ambos os casos.

Nessas circunstâncias, não é surpreendente que não tenha sido percebida uma diferença significativa nas taxas de desemprego entre adolescentes negros e brancos do sexo masculino em 1948, embora houvesse mais racismo naquela época do que nos anos posteriores. Tampouco é surpreendente que, após uma série de aumentos do salário mínimo ao longo dos anos, para compensar a inflação e fazer com que a lei de salário mínimo voltasse a vigorar, uma diferença racial considerável nas taxas de desemprego de adolescentes do sexo masculino tenha se tornado comum. O mesmo aconteceu com as taxas de desemprego muito mais altas para adolescentes do sexo masculino de ambas as raças, em comparação com as taxas de desemprego de 1948, quando os salários eram amplamente determinados pela oferta e demanda.

Em geral, o custo da discriminação para o discriminador pode variar consideravelmente, a depender do tipo de atividade econômica — sendo maior para empresas em mercados competitivos, onde o próprio dinheiro do empregador está em risco, do que para organizações sem fins lucrativos, serviços públicos regulamentados e órgãos governamentais. A história mostra que, há tempos, os três últimos tipos de instituições estão entre os empregadores que mais discriminam.[32]

Não custa nada aos discriminadores do governo praticar a discriminação, porque os custos são pagos pelos contribuintes. O mesmo acontece com os discriminadores em instituições sem fins lucrativos, nas quais os empregadores também estão gastando o dinheiro de outras pessoas. A situação dos serviços públicos regulados pelo governo é um pouco mais complicada, mas o resultado líquido é que os custos relacionados à discriminação podem ser repassados a seus clientes, que não têm outra opção a não ser pagar, quando lidam com um monopólio regulado pelo governo.[33]

Cada um desses três tipos de instituições tem um longo histórico de políticas especialmente discriminatórias contra trabalhadores de minorias, em comparação com as políticas de instituições que funcionam em mercados competitivos, colocando em risco o próprio dinheiro dos empregadores.[34] Antes da Segunda Guerra Mundial, por exemplo, praticamente não havia professores negros em faculdades e universidades brancas sem fins lucrativos. Mas havia centenas de químicos negros empregados em organizações com fins lucrativos em setores competitivos durante essa mesma época.[35] Esses padrões não se limitavam aos Estados Unidos ou aos negros.

O padrão de maior discriminação onde custa menos para os discriminadores e de menor discriminação onde custa mais para os discriminadores é encontrado em diversos países. Na Polônia, entre as duas guerras mundiais, por exemplo, os judeus formavam 9,8% da população em 1931,[36] e pouco mais da metade de todos os médicos particulares da Polônia eram judeus. Mas os médicos judeus raramente eram contratados por hospitais do governo polonês.[37] Outras pessoas, gastando o próprio dinheiro e preocupadas com a própria saúde, obviamente agiram de maneira diferente, ou muitos médicos judeus não teriam conseguido sustentar suas famílias.

Mesmo durante os piores dias de leis racialmente discriminatórias na África do Sul, sob políticas de supremacia branca oficialmente declaradas, havia algumas funções inteiramente exclusivas para brancos, reservadas por lei. Apesar disso, havia alguns setores competitivos em que a maioria dos empregados nessas funções era de fato negra.[38] Uma ação do governo aplicou uma multa a centenas de empresas apenas no setor de construção civil, por terem mais empregados negros do que lhes era permitido pelas leis do apartheid e em funções para as quais era proibido contratar negros.[39]

A maneira como a gravidade da discriminação racial na África do Sul durante aquela época variava de acordo com o tipo de setor e o grau de controle do governo foi revelado no livro *South Africa's War Against Capitalism* pelo economista norte-americano negro Walter E. Williams, que realizou sua pesquisa na África do Sul durante a era do apartheid.

Nem os defensores da justiça social ou qualquer outra pessoa pode proceder com segurança partindo do pressuposto de que as leis e políticas específicas que eles preferem terão automaticamente os resultados que esperam, sem levar em conta como as pessoas às quais essas leis e políticas são impostas reagirão. Tanto a história quanto a economia mostram que as pessoas não são apenas peças inertes de xadrez, realizando o grande projeto de outra pessoa.

PEÇAS DE XADREZ E ESTATÍSTICAS DE RENDA

Nas controvérsias que giram em torno das questões de justiça social, algumas das distorções da realidade mais graves se baseiam em estatísticas que apresentam as tendências de distribuição de renda ao longo do tempo. Elas podem ser perfeitamente acuradas, mas as distorções decorrem do fato de se analisar as pessoas como se estas fossem peças inertes de xadrez e permanecessem fixas nos mesmos esquemas de renda ao longo do tempo.

Tendências no Decurso do Tempo

O *New York Times*, por exemplo, disse que "a diferença entre ricos e pobres aumentou nos Estados Unidos".[40] Esse é um tema comum há muito tempo em outros meios de comunicação, como o *Washington Post* e diversos programas de televisão, bem como entre políticos e acadêmicos.

Conforme disse um colunista do *Washington Post*: "Os ricos tiveram ganhos de renda muito maiores do que os pobres."[41] Outro colunista do *Washington Post* descreveu "os ricos" como "as pessoas que obtiveram quase todos os ganhos de renda nos últimos anos".[42] Segundo o presidente Barack Obama: "Os 10% mais ricos já não recebem um terço de nossa renda, agora ficam com a metade."[43] O professor Joseph E. Stiglitz, da Universidade de Colúmbia, declarou que "o 1% mais rico dos norte-americanos está recebendo quase um quarto da renda do país todos os anos".[44] De acordo com o professor Stiglitz, "a distribuição de riqueza da sociedade" tornou-se "desequilibrada".[45] Em contrapartida, diz-se que os outros "99% dos norte-americanos" estão juntos "no mesmo barco estagnado".[46]

Se essas fossem as mesmas pessoas nas mesmas faixas de renda ao longo dos anos, as conclusões seriam válidas. *Mas essas não são as mesmas pessoas nas mesmas faixas de renda ao longo dos anos.* De acordo com o Departamento de Tesouro dos EUA, usando dados de renda disponíveis no Internal Revenue Service: "Em dez anos, mais de 50% dos contribuintes no quintil inferior foram transferidos para um quintil superior."[47] Outros estudos empíricos mostram um padrão semelhante.[48] Um estudo indicou que mais da metade de todos os adultos norte-americanos ficam entre os 10% mais ricos em algum momento de sua vida,[49] geralmente nos últimos anos de sua vida. Seja em níveis de renda altos ou baixos, a maioria dos norte-americanos não permanece fixa na mesma faixa de renda, como se fossem peças inertes de xadrez.

Outros estudos empíricos que acompanharam a renda de *indivíduos específicos* em um período de anos também mostraram um padrão diretamente oposto ao padrão dos estudos amplamente citados, que implicitamente pressupõem que as mesmas pessoas permanecem nas mesmas faixas de renda ao longo dos anos. Mas uma *suposição* implícita de estagnação não é estagnação, quando, de uma década para a outra, há a *rotatividade* da maioria dos indivíduos nessas faixas.

Um estudo inicial da Universidade de Michigan acompanhou a renda de indivíduos específicos — trabalhadores norte-americanos — de 1975 a 1991. O padrão encontrado foi que os indivíduos que inicialmente estavam entre os 20% mais pobres em 1975 tiveram um aumento de sua renda ao longo dos anos — não apenas em uma taxa mais alta do que a renda dos indivíduos nas faixas superiores, mas também em um valor total muitas vezes maior.[50] Em 1991, 29% dos indivíduos que estavam no quintil inferior em 1975 haviam sido transferidos para o quintil superior, e apenas 5% dos que inicialmente estavam no quintil inferior permaneceram onde estavam nesse mesmo ano. O restante estava distribuído em outros quintis intermediários.[51]

Essas não são histórias fictícias de Horatio Alger sobre casos raros de pessoas que saíram da pobreza para se tornarem ricas. São realidades mundanas sobre pessoas que, em geral, alcançam uma renda mais alta aos 30 do que tinham aos 20 anos e continuam a receber aumentos salariais à medida que adquirem mais experiência, habilidades e maturidade.

Enquanto isso, as pessoas que inicialmente estavam no quintil *superior* em 1975 tiveram o *menor* aumento na renda real em 1991 — tanto em termos percentuais quanto em valores absolutos. O valor do aumento da renda média das pessoas que inicialmente estavam no quintil superior em 1975 foi menos da metade do valor de qualquer um dos outros quintis.[52] O padrão desses resultados — radicalmente diferente das conclusões dos estudos que, implicitamente, pressupõem que são as mesmas pessoas nas mesmas faixas de renda ao longo dos anos — foi repetido no estudo posterior realizado pelo Departamento de Tesouro dos EUA, citado anteriormente. Esse estudo posterior, baseado em dados do Internal Revenue Service, acompanhou pessoas específicas — aquelas que apresentaram declarações de imposto de renda ao longo de uma década, de 1996 a 2005.

As pessoas cuja renda inicialmente estava no quintil inferior desse grupo tiveram um aumento de 91% em sua renda durante essa década. Ou seja, a renda delas quase dobrou em uma década, o que dificilmente representa uma "estagnação", apesar da opinião contrária do professor Stiglitz. Já as pessoas cujas rendas a princípio estavam no tão discutido "1% do topo" viram seus ganhos *diminuírem* 26% durante essa mesma década.[53] Mais uma vez, vemos o *oposto* do que foi dito repetidamente, em alto e bom som, pelos alarmistas da distribuição de renda na política, na mídia e na academia.

Um estudo estatístico ainda mais recente, realizado no Canadá, abrangendo os anos de 1990 a 2009, mostrou um padrão bastante semelhante. Durante essas duas décadas, 87% das pessoas que a princípio estavam no quintil inferior passaram para um quintil superior. A renda das pessoas que inicialmente estavam no quintil inferior teve um aumento em uma taxa mais alta e em um valor absoluto maior do que a das pessoas que inicialmente estavam no quintil superior.[54]

Pode parecer que esses três estudos, cujos resultados são tão semelhantes, não poderiam ser verdadeiros se os outros estudos, mais amplamente citados, do Census Bureau dos EUA e de outras fontes também fossem verdadeiros. Mas os dois conjuntos de estudos mediram coisas muito diferentes.

Todos os estudos, da Universidade de Michigan, do Departamento de Tesouro e o estudo canadense, acompanharam *as mesmas pessoas* durante um período de anos. Os estudos mais citados, do Census Bureau e de outras fontes que usam uma abordagem semelhante à do censo, foram fundamentalmente diferentes em pelo menos dois aspectos.

Os dados publicados pelo censo de 2020 ou pela Secretaria de Estatísticas Trabalhistas dos Estados Unidos, por exemplo, são dados sobre categorias estatísticas, sendo que cada uma delas contêm *diversas* pessoas, como famílias, domicílios ou "unidades consumidoras". Mas, assim como cada família tem um número diferente de membros, o mesmo ocorre com essas outras categorias estatísticas. Quando essas categorias de recebedores de renda são divididas em quintis de renda, esses quintis podem conter números iguais dessas categorias, mas *não* números iguais de pessoas — nem mesmo aproximadamente.

Números Diferentes de Pessoas

De acordo com a Secretaria de Estatísticas Trabalhistas dos Estados Unidos, havia 42.187.200 pessoas no quintil inferior de recebedores de renda em 2019. No mesmo ano, as estatísticas mostraram que o quintil superior continha 84.915.200 pessoas — pouco mais do que o dobro de pessoas do quintil inferior.[55] As comparações entre as rendas recebidas pelas pessoas nos quintis superior e inferior têm, portanto, um exagero embutido das disparidades de renda entre as pessoas, uma vez que o dobro de pessoas teria o dobro dos ganhos, mesmo que todas as pessoas em ambas as categorias tivessem a *mesma* renda.

Se há mais famílias monoparentais entre pessoas de baixa renda do que entre as de alta renda, não é de surpreender que haja menos pessoas no quintil inferior do que no superior. Não só é provável que menos pessoas *recebam* menos renda, como também isso é especialmente verdade quando se discute a quantia que elas *ganham* — diferentemente da quantia recebida de fontes como assistência social ou seguro-desemprego. Os dados da Secretaria de Estatísticas Trabalhistas dos Estados Unidos mostram que havia *cinco vezes mais* pessoas com renda no quintil superior do que no inferior.[56]

Qual é a surpresa — ou a injustiça — quando cinco vezes mais pessoas com renda recebem uma quantia total maior?

As pessoas que fazem inferências alarmantes com base no censo e outros dados semelhantes raciocinam como se estivessem discutindo o que está acontecendo com determinado conjunto de seres humanos, quando, na verdade, elas estão discutindo o destino do "quintil superior", "os 10% mais ricos", "o 1% mais rico" ou alguma outra categoria estatística. Essas categorias contêm *diferentes números de indivíduos* em diferentes quintis, além de uma *mistura em constante mudança de indivíduos* em cada um desses quintis de uma década para outra.

Quais são as implicações de tudo isso?

Se, por exemplo, houvesse uma redistribuição completa da renda, de modo que cada beneficiário registrado no censo de 2020 passasse a receber exatamente a mesma renda que outros beneficiários em um ano subsequente, isso significaria que teríamos uma disparidade *zero* nas rendas individuais. No entanto, se os novos dados de renda fossem organizados e exibidos nas mesmas categorias de antes, com a mesma divisão, comparando os mesmos conjuntos de indivíduos que anteriormente estavam nos distribuídos quintis do censo de 2020, os dados mostrariam que as pessoas que anteriormente estavam no quintil superior agora parecem ter um pouco mais do que *o dobro* da renda das pessoas que antes estavam no quintil inferior.

Ou seja, agora de fato apareceria uma disparidade de renda *zero*, estatisticamente, como uma disparidade maior do que a atual entre homens e mulheres, ou entre norte-americanos negros e brancos!

Aumento da Renda "Estagnado"

Há, também, um longo histórico de afirmações alarmistas sobre a suposta "estagnação" do aumento da renda entre os norte-americanos em geral. Por exemplo, a renda real média — o ganho monetário ajustado pela inflação — das famílias norte-americanas aumentou apenas 6% em um período de mais de um quarto de século, de 1969 a 1996. Mas a renda média real por pessoa nos Estados Unidos aumentou 51% nesse mesmo período.[57] Como essas duas estatísticas podem ser verdadeiras? Porque o número médio de pessoas por domicílio *diminuiu* ao longo desse período. Em 1966, o Census Bureau declarou que o número médio de pessoas por domicílio estava diminuindo.[58]

Os alarmistas da distribuição de renda podem escolher as estatísticas a serem utilizadas. Um redator do *New York Times* disse: "A renda da maioria das famílias norte-americanas não conseguiu obter um aumento em relação à inflação desde 1973."[59] Já um redator do *Washington Post* disse: "A renda da maioria das famílias norte-americanas permaneceu persistentemente estável nas últimas três décadas."[60] Um membro de um grupo de pesquisa de Washington foi citado no *Christian Science Monitor* como autor da seguinte frase: "A economia está crescendo sem que o padrão médio de vida aumente."[61]

Às vezes, essas conclusões podem ser resultado de ingenuidade estatística. No entanto, a inconsistência dos padrões em que os dados são citados pode sugerir parcialidade. O colunista de longa data do *New York Times*, Tom Wicker, por exemplo, usou estatísticas de renda per capita quando descreveu o sucesso das políticas econômicas do governo Lyndon Johnson, mas usou estatísticas de renda familiar quando descreveu o fracasso das políticas de Ronald Reagan e George H.W. Bush.[62]

Não existe nenhum motivo intrínseco para que a distribuição de renda *per capita* não possa ser apresentada e analisada, principalmente quando a renda é, de fato, geralmente paga a esses indivíduos, e não a suas famílias, seus domicílios ou às "unidades consumidoras". Mas os alarmistas da distribuição de renda raramente, *ou nunca,* citam estatísticas de renda que comparam os mesmos indivíduos ao longo do tempo. Conforme vimos, essas estatísticas mostram resultados completamente diferentes das conclusões dos alarmistas.

Rotatividade nas Faixas de Renda

A taxa de rotatividade de indivíduos é especialmente alta nas faixas de renda mais altas. O que o professor Paul Krugman, da Universidade da Cidade de Nova York, chamou de "o círculo encantado do 1%"[63] deve ter um charme um tanto quanto fugaz, pois a maioria das pessoas que pertenciam a esse círculo em 1996 não estava mais lá em 2005.[64] Tanto as pessoas de alta renda quanto as de baixa não são como peças inertes de xadrez.

A taxa de rotatividade é ainda mais extrema entre os "400 mais ricos" do que entre o "1% mais rico". Os dados do imposto de renda disponíveis no Internal Revenue Service mostraram que, durante os anos de 1992 a 2014, havia 4.584 pessoas entre os chamados "400 mais ricos". Destas, 3.262 entraram nessa faixa em apenas um ano durante esses 23 anos[65] — ou seja, uma geração.

Quando se apresenta a renda de milhares de pessoas ao longo dos anos em forma de estatísticas, como se fosse recebido por centenas de pessoas, isso representa um exagero dez vezes maior nas disparidades de renda. Se "os ricos manipularam o sistema", como alguns afirmam, parece estranho o fato de que eles o manipulariam de modo que 71% dos ricos não repetiriam um ano nessa faixa de renda alta durante os 23 anos contemplados pelos dados do Internal Revenue Service.

Os "Ricos" e os "Pobres"

O uso livre de termos em muitas discussões sobre as diferenças de renda inclui chamar as pessoas do quintil superior de recebedores de renda de "ricas" e as do quintil inferior de "pobres". Mas, nos dados do censo de 2020, o quintil superior começa com uma renda familiar de US$141.111,[66] que é muito boa para um só indivíduo, e talvez um pouco menos impressionante para um casal que ganha acerca de US$75 mil por ano cada — principalmente se essas pessoas tiverem alcançado esse nível de renda a partir de níveis de renda mais modestos ao longo dos anos. Mas, em nenhum dos casos, essas pessoas seriam consideradas "ricas" ou poderiam se dar ao luxo de ter o estilo de vida de pessoas verdadeiramente ricas, com suas mansões, seus iates ou aviões particulares.

Os "pobres" são frequentemente rotulados de maneira tão enganosa quanto os "ricos". No estudo da Universidade de Michigan, no qual 95% das pessoas que inicialmente estavam no quintil inferior saíram desse quintil durante os anos contemplados pela pesquisa, deixando apenas 5% para trás durante esses anos. Como 5% dos 20% que inicialmente estavam no quintil inferior representavam apenas 1% da população da amostra, somente esse 1%, que estava no quintil inferior durante o período do estudo, era, portanto, elegível para ser chamado de "pobre" durante todos esses anos. O oposto da afirmação do professor Stiglitz de que a renda dos 99% estava "estagnada";[67] é a renda desse 1% de baixa renda que estava.

Quão pobres são "os pobres"? Em comparação com o quê? Cada pessoa pode ter uma concepção diferente da pobreza, talvez pensando em épocas e lugares em que a pobreza significava fome, casas apertadas, roupas em farrapos e outras situações semelhantes. Mas as estatísticas da pobreza são definidas pelos estatísticos do governo que coletam e publicam os dados oficiais. Nesses dados, a "pobreza" oficial significa o que esses estatísticos dizem que significa. Nada além disso.

Em 2001, três quartos dos norte-americanos oficialmente "pobres" tinham ar-condicionado em casa, algo que apenas um terço de todos os norte-americanos de uma geração anterior tinha em 1971. Em 2001, 97% das pessoas em situação de pobreza oficial tinham televisão em cores, o que menos da metade de todos os norte-americanos tinham em 1971. Além disso, 73% tinham um forno micro-ondas, algo que menos de 1% dos norte-americanos tinha em 1971, e 98% dos "pobres" em 2001 tinham um videocassete ou um aparelho DVD, o que ninguém tinha em 1971.[68]

Quanto a viver em cômodos apertados, o norte-americano médio que se encontra em situação de pobreza oficialmente definida tinha mais espaço per capita do que o europeu médio — não o europeu médio em situação de pobreza, mas a média da população europeia.[69]

Nada disso sugere que os norte-americanos que vivem na pobreza não passam por dificuldades. Eles geralmente têm problemas mais sérios e até mesmo mais urgentes — sendo vítimas de crime e violência — no presente do que no passado, quando seu padrão de vida material não era tão alto. Mas esse é um problema antigo e importante que por si só merece toda a atenção, mais do que um problema de renda supostamente "estagnada".

Os termos "rico" e "pobre" são enganosos em outro sentido, mais fundamental. Esses termos se aplicam ao estoque de riqueza das pessoas, não a seus fluxos de renda. O imposto *de renda* não tributa a riqueza. Mesmo a tributação de 100% da renda de um bilionário não o impediria de continuar bilionário, embora isso possa impedir que outros se tornem. Os elogios a alguns bilionários que recomendam publicamente impostos *de renda* mais altos podem ser um tanto excessivos.

Implicações para a "Justiça Social"

As tentativas de converter verbalmente as pessoas que se encontram no momento em faixas de renda em classes sociais diferentes ignoram a rotatividade — principalmente nas faixas de alta renda, nas quais muitas pessoas são transientes, em virtude de terem um pico de renda de um ano. Ao que tudo indica, estamos preocupados com o bem-estar de seres humanos de carne, e não com as disparidades entre categorias estatísticas que contêm números muito diferentes de pessoas e uma mistura de pessoas que muda constantemente.

O que significa o aumento da parcela de renda destinada às pessoas do quintil superior? Para os defensores da redistribuição de renda, isso sugeria que determinado grupo de pessoas estava recebendo — ou "tomando" — uma parcela maior da renda total da sociedade. Mas, embora essa possa ter sido uma conclusão válida, se as pessoas nas diferentes faixas de renda tivessem permanecido sempre nessas faixas, isso não aconteceu quando elas eram transientes.

Com mais da metade de todos os adultos norte-americanos atingindo o quintil superior (e, inclusive, o decil superior) em termos de renda familiar em algum momento da vida,[70] o aumento da recompensa que aguarda aqueles que atingem esse nível ao longo dos anos significa que, agora, há uma recompensa maior para chegar ao topo. Esse resultado é coerente com o fato de que a idade do pico de ganhos aumentou ao longo do tempo, passando de pessoas na faixa etária entre 35 e 44 anos para pessoas entre 45 e 54 anos.[71] Isso, por sua vez, é coerente com o fato de que o desenvolvimento tecnológico tornou o conhecimento mais valioso em relação à vitalidade física dos jovens. Como todos envelhecem, esse resultado não reúne automaticamente as altas rendas em determinadas classes sociais.

As estatísticas podem ser extremamente valiosas para testar nossas crenças em relação às evidências empíricas. Mas isso requer atenção cuidadosa a dados específicos e aos termos que acompanham esses dados. Conforme disse o economista Alan Reynolds, membro sênior do Cato Institute:

Mensurar o aumento ou a desigualdade de renda é um pouco como a patinação artística olímpica — cheia de saltos e giros perigosos e nem de longe tão fácil quanto parece. No entanto, o aumento e a desigualdade de renda são tópicos que parecem inspirar muitas pessoas a formar opiniões bastante fortes sobre estatísticas extremamente fracas.[72]

Capítulo 4

FALÁCIAS DO CONHECIMENTO

Em muitas questões sociais, a decisão mais importante é *quem a toma*. Tanto os defensores da justiça social quanto seus críticos podem concordar que muitas decisões importantes sobre as questões sociais são mais bem tomadas pelas pessoas cujo conhecimento é mais relevante. No entanto, elas têm suposições radicalmente diferentes sobre quem, de fato, tem mais conhecimento.

Isso se deve, em parte, ao caso de terem concepções totalmente diferentes sobre a definição de conhecimento. Essas opiniões divergentes sobre o que constitui o conhecimento remontam a séculos.[1]

VISÕES CONFLITANTES DO CONHECIMENTO

A visão dos intelectuais sobre o conhecimento foi satirizada em um verso sobre o acadêmico britânico do século XIX Benjamin Jowett, mestre do Balliol College da Universidade de Oxford:

> Meu nome é Benjamin Jowett.
> Se é conhecimento, eu sei
> Sou o mestre dessa faculdade.
> O que eu não sei não é conhecimento.

Muitas pessoas não consideram que todas as informações mereçam ser chamadas de conhecimento, ou não consideram que os detentores de alguns tipos de informação sejam tão conhecedores quanto os detentores de tipos diferentes de informação. Um carpinteiro pode saber como construir uma cerca, e um físico pode saber que $E=MC^2$. Mas, mesmo que nenhum dos dois saiba o que o outro sabe, muitas pessoas considerariam o físico mais instruído, seja porque seu conhecimento exigiu mais estudo ou porque ele é dotado de um intelecto capaz de dominar informações mais complexas.

O conhecimento, entretanto, não existe em uma hierarquia simples, com o tipo de conhecimento específico, ensinado em escolas e faculdades, no topo da hierarquia, e o conhecimento mais mundano, na base. Alguns conhecimentos — em qualquer categoria — têm mais *consequências* do que outros, e isso varia de acordo com as circunstâncias específicas e os tipos de decisões a serem tomadas, em vez de variar de acordo com a complexidade ou a elegância do próprio conhecimento.

Conhecimento Consequente

Como exemplo de conhecimento *consequente* — o tipo de conhecimento que afeta a tomada de decisões, com consequências significativas na vida das pessoas —, os oficiais encarregados do *Titanic* sem dúvida tinham um conhecimento bastante amplo sobre as complexidades envolvendo a estrutura de navios e a navegação pelo mar. Mas a noção mais consequente naquela noite específica era o conhecimento mundano da localização de determinados icebergs, porque a colisão com um iceberg foi o que causou danos ao navio e afundou o *Titanic*.

Embora alguns chamem as informações mundanas e os tipos específicos de informações de conhecimento, essas duas coisas não são comensuráveis, mas bastante distintas. Além disso, a sabedoria presumivelmente superior não engloba automaticamente o conhecimento mais mundano. Cada um pode estar lidando com consequências em circunstâncias específicas. Isso significa que a distribuição do saber consequente em determinada sociedade pode ser muito diferente, dependendo do tipo de conhecimento envolvido.

Outro exemplo do papel do conhecimento mundano, porém consequente, é quando as pessoas migram de um país para outro. Elas raramente migram por acaso de todas as partes do país de onde saem ou se estabelecem aleatoriamente em todas as partes do país para onde vão. Diversos tipos de conhecimento mundano — informações que não são ensinadas em escolas ou faculdades — podem desempenhar papéis importantes nas decisões de migração de milhões de seres humanos.

Em meados do século XIX, 67% dos imigrantes espanhóis que foram para a Argentina eram habitantes de duas províncias da Espanha com apenas 6% da população espanhola. Além disso, quando esses imigrantes chegaram à Argentina, eles se agruparam em bairros específicos de Buenos Aires.[2] Da mesma forma, durante o último quarto do século XIX, quase 90% dos imigrantes italianos que foram para a Austrália eram de uma área da Itália que continha apenas 10% da população do país.[3] No entanto, ao longo dos anos, os italianos continuaram imigrando para a Austrália, todos vindos dos mesmos lugares isolados de seu país, de onde a maioria deles se originou. Em 1939, o número de pessoas vivendo na Austrália, que eram originárias de alguns vilarejos italianos, era maior do que a população que permaneceu nesses mesmos vilarejos na Itália.[4]

Os imigrantes em geral tendem a ir para algum lugar específico no país de destino, onde pessoas de seu país de origem — *pessoas conhecidas pessoalmente* e de confiança — já estão estabelecidas, porque elas podem fornecer informações bastante essenciais aos recém-chegados sobre determinados locais onde esses antigos imigrantes vivem. Esse tem sido um conhecimento muito valioso sobre coisas básicas, como onde conseguir um emprego, encontrar um lugar acessível para morar e diversas outras atividades mundanas, porém consequentes, em um país novo, com muitas pessoas e coisas desconhecidas sobre o modo de vida em uma sociedade que é diferente para os imigrantes.

Nos casos em que esse tipo de conhecimento estava disponível para pessoas em determinados lugares da Espanha ou da Itália, as pessoas desses lugares específicos representavam altas taxas de imigração, enquanto muitos outros lugares nesses mesmos países que não tinham essas conexões pessoais podiam ter muito poucas pessoas emigrando. Ao contrário das suposições implícitas de comportamento aleatório de alguns teóricos sociais, *as pessoas não emigraram aleatoriamente de um lugar qualquer da Espanha para um lugar qualquer da Argentina, ou de um lugar qualquer da Itália para um lugar qualquer da Austrália.*

A história praticamente se repetiu quando os alemães imigraram para os Estados Unidos. Em um estudo, descobriu-se que alguns vilarejos foram "praticamente transferidos da Alemanha para a zona rural do Missouri".[5] Havia um padrão semelhante entre os imigrantes alemães em áreas urbanas nos Estados Unidos. Frankfort, no Kentucky, foi fundada por pessoas de Frankfurt, Alemanha, e Grand

Island, no Nebraska, foi fundada por Schleswig-Holsteiners.[6] De todas as pessoas que emigraram da China para os Estados Unidos em mais de meio século antes da Primeira Guerra Mundial, 60% delas vieram de Toishan, apenas um dos 98 condados de uma província no sul da China.[7]

Esses padrões têm sido a regra, e não a exceção, entre outros imigrantes em outros países, incluindo os libaneses que se estabeleceram na Colômbia[8] e os imigrantes judeus do Leste Europeu que se estabeleceram em partes específicas do bairro de favelas Lower East Side, em Nova York.[9]

Esses padrões de vínculos muito específicos com lugares muito específicos — baseados em conhecimentos específicos, mundanos, porém consequentes, de pessoas específicas nesses lugares — se estenderam à vida social dos imigrantes após sua chegada e seu assentamento. A maioria dos casamentos realizados nos bairros irlandeses de Nova York no século XIX era entre pessoas do mesmo condado da Irlanda.[10] A história praticamente se repete na cidade australiana de Griffith. De 1920 a 1933, 90% dos homens italianos que emigraram de Veneza para a Austrália se casaram com mulheres italianas que também haviam emigrado de Veneza.[11] *As pessoas se organizam* com base em informações bastante específicas.

Esses padrões foram tão amplamente observados que receberam um nome — "migração em cadeia" — devido à rede de conexões pessoais envolvidas. Esse é um conhecimento *consequente*, valorizado por suas aplicações práticas, e não por seu desafio intelectual ou elegância. É um tipo de conhecimento bastante específico sobre pessoas e lugares específicos. É improvável que tomadores de decisão substitutos, como planejadores centrais econômicos ou especialistas em políticas, detenham esse tipo de conhecimento. É muito mais fácil que essas pessoas detenham os tipos de conhecimento transmitidos em escolas e faculdades. No entanto, não importa quanto deste último tipo de conhecimento possa ser considerado *superior*, ele não engloba necessariamente — e muito menos substitui — o que é considerado conhecimento inferior.

A quantidade de sabedoria existente em determinada sociedade, e como é distribuída, depende basicamente de como o conhecimento é concebido e definido. Quando um defensor da justiça social, como o professor John Rawls, de Harvard, referiu-se a como a "sociedade" deveria "organizar" determinados resultados,[12] estava claramente se referindo a decisões coletivas como aquelas tomadas por um governo, usando o conhecimento disponível para tomadores de decisão substitutos, mais do que o tipo de conhecimento conhecido e utilizado por pessoas da população em geral, ao tomarem as próprias decisões sobre sua vida. Como diz um velho ditado: "Um tolo pode vestir seu casaco melhor do que um homem sábio pode fazer isso por ele."[13]

Independentemente da conveniência das metas buscadas pelos defensores da justiça social, a *viabilidade* de atingir essas metas por meio de tomadores de decisão substitutos necessita da distribuição do conhecimento relevante e consequente.

Ela depende, também, da natureza, do propósito e da confiabilidade do processo político por meio do qual os governos atuam. A história de muitas crenças fervorosas do século XX por objetivos idealistas é um registro doloroso da frequência com que a concessão de muito poder aos governos, em busca desses objetivos, levou a ditaduras totalitárias. O tema amargo da "revolução traída" remonta, pelo menos, à Revolução Francesa no século XVIII.

No lado oposto da posição atribuída a Benjamin Jowett, a concepção de conhecimento do economista F.A. Hayek, ganhador do Prêmio Nobel do século XX, englobaria tanto as informações do carpinteiro quanto as do físico — e iria muito além de ambas. Isso o colocou em oposição direta a diversos sistemas de tomada de decisão substitutos no século XX, incluindo a visão de justiça social.

Para Hayek, o conhecimento consequente incluía não apenas informações articuladas, mas também as *não articuladas*, incorporadas em respostas comportamentais a realidades conhecidas. Os exemplos podem incluir algo bastante simples — e consequente —, como colocar roupas quentes nas crianças antes de sair com elas em um dia de inverno, ou estacionar o carro no acostamento de uma estrada ao ouvir a sirene de uma ambulância querendo passar. Conforme disse Hayek:

> Nesse sentido, nem todo conhecimento faz parte de nosso intelecto, nem nosso intelecto é a totalidade de nosso conhecimento. Nossos hábitos e habilidades, nossas atitudes emocionais, ferramentas e instituições — todos são, nesse sentido, adaptações de experiências passadas que se desenvolveram por meio da eliminação seletiva de condutas menos adequadas. Eles formam uma base indispensável para a ação bem-sucedida, assim como nosso conhecimento consciente.[14]

Essa definição abrangente de conhecimento muda radicalmente a maneira como a distribuição do conhecimento é considerada. O conhecimento consequente, segundo concebido por Hayek, é muito mais amplamente distribuído entre a população em geral — muitas vezes, em fragmentos individualmente inexpressivos que precisarão ser coordenados pelas interações individuais entre as pessoas, para que fique cômodo para ambas, como nas transações do mercado econômico, por exemplo.

Outro economista, Leonard Read, observou que nenhuma pessoa detém todo o conhecimento necessário para produzir todos os componentes de um simples e barato lápis. As transações econômicas — de diferentes partes do mundo — reúnem o grafite utilizado para escrever, o látex para fabricar a borracha de apagar, a madeira na qual esses componentes ficam embutidos e a tira de metal que prende a borracha ao lápis.

É provável que nenhuma pessoa saiba como todas essas coisas diferentes são produzidas — originárias, muitas vezes, de lugares variados entre si e usando tecnologias muito diversas. Os lápis baratos são produzidos por meio de redes de informação e cooperação, em transações de mercado baseadas em conhecimento condensado, porém consequente, transmitido na forma de preços, que, por sua vez, são baseados na concorrência entre distintos produtores de cada componente. Um fabricante reúne todos esses componentes do lápis a um custo que os consumidores estão dispostos a pagar.

As implicações de tudo isso para a visão de justiça social não dependem só da conveniência dos objetivos dessa visão, mas também da viabilidade de usar certos tipos de instituições por meio das quais esses objetivos podem ser alcançados. Conforme disse o professor Rawls, não é suficiente dizer que a "sociedade" deve "se organizar" para gerar determinados resultados[15] — *de alguma forma*. As escolhas dos instrumentos institucionais são importantes, não apenas do ponto de vista da eficiência econômica, mas ainda mais para preservar a liberdade de milhões de pessoas de tomarem as próprias decisões sobre sua vida da maneira que acharem melhor, em vez de terem tomadores de decisão substitutos se antecipando às suas decisões em nome de palavras nobres como "justiça social".

A conveniente imprecisão de se referir à "sociedade" como tomadora de decisões para "organizar" os resultados — como na visão de justiça social de Rawls[16] — foi precedida pelas referências igualmente vagas do filósofo da era progressista John Dewey ao "controle social" para substituir as decisões "caóticas" e estritamente "individualistas" nas economias de mercado.[17] Antes disso, no século XVIII, havia a vaga "vontade geral" de Rousseau para tomar decisões em prol do "bem comum".[18]

Concepções muito diferentes dos processos de tomada de decisão refletem crenças muito divergentes sobre a distribuição do conhecimento consequente. É compreensível que pessoas com concepções muito diferentes sobre o conhecimento e sua distribuição cheguem a conclusões muito diferentes sobre quais tipos de instituições produzem resultados melhores ou piores para os seres humanos.

Visões Opostas

Embora F.A. Hayek tenha sido uma figura de destaque no desenvolvimento da compreensão do papel crucial da disseminação do conhecimento na determinação de quais tipos de políticas e instituições provavelmente produziriam quais tipos de resultados, antes dele, houve outros cujas análises tiveram implicações semelhantes, e outros depois dele — principalmente Milton Friedman — que aplicaram a análise de Hayek no próprio trabalho.

Uma visão oposta do conhecimento e de sua distribuição também tem uma longa tradição por trás de suas conclusões opostas — ou seja, que o conhecimento consequente está centrado em pessoas intelectualmente mais avançadas. A questão do que constitui o conhecimento estava entre os assuntos abordados em um tratado de 1793, publicado em dois volumes e intitulado *Enquiry Concerning Political Justice* [Questões sobre a Justiça Política], de William Godwin.[19]

A concepção de conhecimento de Godwin era muito parecida com a que prevalece nos escritos atuais sobre justiça social. De fato, o termo "política", que aparece no título de seu livro, foi usado em um sentido comum na época, referindo-se à estrutura política ou governamental de uma sociedade. Na época, esse termo foi usado em um sentido semelhante na expressão "economia política" — significando o que atualmente chamamos de "economia" —, a análise econômica de uma sociedade ou governo, diferente da análise econômica das decisões de uma casa, empresa ou outra instituição individual dentro de uma sociedade ou de um governo.

Para Godwin, o motivo explicitamente articulado era a fonte do conhecimento e da compreensão. Dessa forma, "visões justas da sociedade" na mente dos "membros liberalmente educados e reflexivos" da sociedade permitirão que eles sejam "guias e instrutores para o povo".[20] Aqui, a suposição de conhecimento e compreensão superiores não levou à formação de uma elite intelectual no papel de tomadores de decisão substitutos como parte de um governo, mas como influenciadores do público, que, por sua vez, deveriam influenciar o governo.

Um papel semelhante para a elite intelectual apareceu mais tarde nos escritos de John Stuart Mill, no século XIX. Embora Mill considerasse que a população em geral tem mais conhecimento do que o governo,[21] ele também achava que ela precisava de orientação de intelectuais de elite. Como disse em seu livro *Sobre a Liberdade*, a democracia pode se elevar acima da mediocridade somente quando "os muitos soberanos se deixarem guiar (o que sempre fizeram em seus melhores momentos) pelos conselhos e pela influência de um ou poucos mais bem dotados e instruídos".[22]

Mill descreveu essas elites intelectuais — "os melhores e mais sábios",[23] as "mentes pensantes",[24] "os intelectos mais cultos do país",[25] "aqueles que estão à frente da sociedade no modo de pensar e de sentir"[26] — como "o sal da terra; sem eles, a vida humana se tornaria obsoleta".[27] Ele convocou as universidades a "formar mentes inteligentes para enviar à sociedade, não figuras da idade deles, mas indivíduos capazes de melhorar e regenerar a sociedade".[28]

Ironicamente, essa suposta imprescindibilidade dos intelectuais para o progresso humano foi afirmada em uma época e em um lugar — a Grã-Bretanha do século XIX — onde estava ocorrendo uma revolução industrial no período em que o próprio Mill viveu, algo que certamente alteraria os padrões de vida em diversas nações do mundo. Além disso, essa revolução foi liderada por homens com experiência prática na indústria, em vez de experiência em educação intelectual ou científica. Entre os norte-americanos também, inclusive os gigantes revolucionários da indústria, como Thomas Edison e Henry Ford, havia pouquíssimos indivíduos com escolaridade formal,[29] e o primeiro avião a levantar voo com um ser humano a bordo foi inventado por dois homens que consertavam e vendiam bicicletas e que nunca concluíram o ensino médio — os irmãos Wright.[30]

No entanto, a visão de John Stuart Mill sobre o papel indispensável dos intelectuais no progresso humano foi compartilhada por muitos intelectuais ao longo dos séculos, dentre eles, os que lideram movimentos por mais igualdade econômica, baseados, ironicamente, em suposições de sua superioridade. No século XVIII, Rousseau disse que considerava que "o melhor e mais natural acordo era que os mais sábios governassem a multidão".[31] Algumas variações sobre esse tema marcaram movimentos contra a desigualdade econômica, como o marxismo, o socialismo fabiano, o progressismo e o ativismo pela justiça social.

Apesar de sua ênfase no fato de a sociedade ser guiada pela "vontade geral", Rousseau deixou a interpretação dessa vontade para as elites. Ele comparou as massas populares a "um inválido estúpido e pusilânime".[32] Outros membros da esquerda do século XVIII, como William Godwin e o Marquês de Condorcet, expressaram semelhante desprezo pelas massas.[33] No século XIX, Karl Marx disse: "A classe trabalhadora é revolucionária ou não é nada."[34] Ou seja, milhões de seres humanos só tinham importância se levassem a cabo a visão marxista.

O pioneiro socialista fabiano, George Bernard Shaw, considerava as pessoas que pertenciam à classe trabalhadora "detestáveis" e que elas "não tinham o direito de viver". Ele acrescentou: "Eu perderia a esperança se não soubesse que todos morrerão em breve e que não há necessidade alguma de serem substituídos por pessoas como eles próprios."[35]

Em nossa época, o proeminente acadêmico de Direito Ronald Dworkin, da Universidade de Oxford, declarou que "uma sociedade mais igualitária é uma sociedade melhor, mesmo que seus cidadãos prefiram a desigualdade".[36] A pioneira feminista francesa Simone de Beauvoir também disse: "Nenhuma mulher deveria ser autorizada a ficar em casa para criar seus filhos. A sociedade deveria ser totalmente diferente. As mulheres não deveriam ter essa escolha, precisamente porque, se a tiverem, muitas delas a farão."[37] De maneira semelhante, o ativista do consumidor Ralph Nader disse que "às vezes, o consumidor deve ser protegido de sua indiscrição e vaidade".[38]

Já vimos que, no início do século XX, atitudes semelhantes levaram os deterministas genéticos a defenderem levianamente a prisão de pessoas que não haviam cometido crime algum e a lhes negar uma vida normal, com base em crenças infundadas que estavam em voga nos círculos intelectuais da época.

Dada a concepção de conhecimento predominante entre muitos intelectuais de elite e a distribuição desse conhecimento implícita nessa concepção, não é de surpreender que eles cheguem aos tipos de conclusões a que chegam. De fato, fazer a suposição contrária — de que suas grandes realizações e competência estão confinadas a uma margem limitada, fora do vasto espectro de inquietudes humanas — poderia ser um grande obstáculo para a promoção de movimentos sociais que se antecipam às decisões de outras pessoas, que supostamente seriam os beneficiários desses movimentos, como a busca por justiça social.

F.A. Hayek considerava as suposições dos intelectuais defensores de crenças como *Arrogância Fatal* — o título de seu livro sobre o assunto. Embora tenha sido uma figura marcante na oposição à hipotética superioridade dos intelectuais como instrutores ou tomadores de decisão substitutos de outras pessoas, ele não estava sozinho em sua oposição à ideia de uma suposta concentração de conhecimento consequente nas elites intelectuais.

O professor Milton Friedman, outro economista que recebeu o Prêmio Nobel, observou como essa honra pode levar a suposições de onicompetência, tanto por parte do público quanto de quem a recebe:

> É um tributo à reputação mundial dos Prêmios Nobel que o anúncio de um prêmio converta seu laureado instantaneamente em um especialista em tudo e para todos... Não é preciso dizer que a atenção é lisonjeira, mas também corruptora.[39]

Outro ganhador do Prêmio Nobel, o professor George J. Stigler, também observou o mesmo: "Uma coleção completa de declarações públicas assinadas por laureados, cujo trabalho não lhes deu nem mesmo conhecimento profissional do problema abordado pela declaração seria uma coleção muito grande e um tanto deprimente."[40] Ele se referiu aos "ganhadores do Prêmio Nobel que emitem ultimatos severos ao público quase que mensalmente e, às vezes, sem qualquer fundamento".[41]

Essas presunções de onicompetência não se limitam, de maneira alguma, aos ganhadores do Prêmio Nobel. O professor Friedman descobriu que essas crenças são comuns entre indivíduos e instituições proeminentes que promovem movimentos sociais atualmente em voga:

> Conversei e discuti com acadêmicos, a mídia, a comunidade financeira, membros de organizações mundiais, entre outras. Fiquei chocado com o que ouvi. Havia um grau inacreditável de homogeneidade intelectual, de aceitação de um conjunto padrão de pontos de vista, repleto de clichês como resposta a todas as objeções, de autossatisfação presunçosa por pertencer a um desses grupo.[42]

É incomum que as falas dos críticos sobre algumas pessoas sejam tão semelhantes ao que essas pessoas dizem sobre si mesmas — nesse caso, como as elites intelectuais se sentem tão superiores a outras pessoas. Esse padrão remonta, pelo menos, ao século XVIII e é compatível com o que John Maynard Keynes disse no século XX sobre o círculo intelectual ao qual ele pertencia:

> Repudiamos totalmente a responsabilidade pessoal de obedecer a regras gerais. Reivindicamos o direito de julgar cada caso individualmente com base em seus méritos, e a sabedoria, a experiência e o autocontrole para fazê-lo com sucesso... Diante do céu, afirmamos ser nosso próprio juiz em nosso próprio caso.[43]

Embora, em seus últimos anos tenha reconhecido alguns dos problemas dessa abordagem, ele ainda disse: "No entanto, no que me diz respeito, é tarde demais para mudar."[44] Um biógrafo de Keynes, um colega economista contemporâneo seu, apontou outro aspecto do caráter dele que há tempos é característico de algumas outras elites intelectuais:

> Ele falava sobre uma grande variedade de tópicos e era um profundo conhecedor de alguns deles; mas, sobre outros, ele pode ter extraído seus pontos de vista das poucas páginas de um livro que, por acaso, havia folheado. O ar de autoridade era o mesmo em ambos os casos.[45]

As diferenças nas suposições sobre a distribuição do conhecimento consequente são mais do que curiosidades sociais ocasionais. Pessoas que buscam objetivos semelhantes podem chegar a conclusões totalmente diferentes sobre a maneira de atingir esses objetivos, quando têm crenças completamente diferentes sobre a natureza e a distribuição do conhecimento consequente exigido. Em alguns casos, as próprias metas podem parecer possíveis ou impossíveis, dependendo do tipo de distribuição de conhecimento que seria necessário para atingi-las.

FATOS E MITOS

As políticas baseadas na visão de justiça social tendem a pressupor não apenas uma concentração do conhecimento consequente nas elites intelectuais, mas também uma concentração das causas das disparidades socioeconômicas em outras pessoas, como presidentes de empresas, em instituições educacionais, entre outras. Dessa forma, a agenda da justiça social tende voltar sua atenção para a correção de deficiências institucionais e sociais, fazendo com que o governo dê poder aos tomadores de decisão substitutos para resgatar as vítimas de diversos modos de maus-tratos, tirando muitas decisões das mãos de outras pessoas. Isso incluiu a retirada de algumas decisões das mãos das próprias supostas vítimas e a transferência destas para os substitutos membros da elite, cujo conhecimento supostamente maior poderia proteger melhor os interesses delas.

Isentar essas pessoas de tomar decisões para o próprio bem abrange desde decisões sobre emprego e finanças pessoais até sobre moradia e os valores a serem transmitidos aos filhos.

No início do século XX, nos Estados Unidos, a defesa dessas isenções foi um traço importante da era progressista e continuou até o presente.

Questões Trabalhistas

Um dos primeiros progressistas influentes a defender a isenção da elite nas decisões de outras pessoas foi Walter E. Weyl, que se formou na faculdade aos 19 anos, obteve um PhD e fez carreira como acadêmico e jornalista. Ele claramente fazia parte das elites intelectuais e dedicou seu conhecimento à luta por uma "democracia socializada", na qual os funcionários seriam protegidos das "grandes corporações interestaduais"[46], entre outros riscos e restrições. Por exemplo:

> Uma lei que proíbe as mulheres de trabalhar nas fábricas têxteis à noite é uma lei que aumenta, em vez de restringir, a liberdade *delas*, simplesmente porque tira do empregador *seu* antigo direito de obrigá-la, por meio de pura pressão econômica, a trabalhar à noite quando elas preferiam trabalhar de dia.[47]

Claramente, Walter E. Weyl considerava que o empregador estava tirando a liberdade dessa mulher e que pessoas como ele buscavam restaurá-la — embora tenha sido o empregador que ofereceu a ela uma opção e substitutos como Weyl que queriam tirá-la da mulher. Para as elites intelectuais que consideram que o conhecimento consequente da sociedade está concentrado em pessoas como elas, isso pode fazer sentido. Mas as pessoas que concebem que ele está amplamente difundido entre a população em geral poderiam chegar a uma conclusão contrária — já mencionada anteriormente — de que "um tolo pode vestir seu casaco melhor do que um homem sábio pode fazer isso por ele". Ou ela.

As leis de salário mínimo são outro exemplo de elites intelectuais e defensores da justiça social atuando como tomadores de decisão substitutos, antecipando-se às decisões de empregadores e empregados. Conforme observado no Capítulo 3, em 1948, quando a inflação tornou a lei do salário mínimo ineficaz, a taxa de desemprego entre homens negros de 16 e 17 anos era inferior a 10%. No entanto, a partir de 1950, após uma série de aumentos do salário mínimo, a eficácia da lei foi restaurada e a taxa de desemprego de homens negros nessa faixa etária aumentou e *nunca ficou abaixo de 20%* por mais de três décadas consecutivas, de 1958 a 1994.[48]

Em alguns desses anos, a taxa de desemprego inclusive foi superior a *40%*. Além disso, durante esses anos, as taxas de desemprego praticamente idênticas para adolescentes do sexo masculino, brancos e negros, que existiam quando a lei do salário mínimo entrou em vigor em 1948, agora apresentavam uma diferença de raça. As taxas de desemprego de adolescentes negros do sexo masculino passaram a ser duas vezes mais altas do que as de adolescentes brancos do sexo masculino.[49] Em 2009 — ironicamente, o primeiro ano do governo Obama —, a taxa de desemprego anual de adolescentes negros do sexo masculino como um todo era de 52%.[50]

Ou seja, metade de todos os adolescentes negros do sexo masculino que estavam em busca de emprego não conseguia nenhum, porque os tomadores de decisão substitutos tornavam ilegal que eles aceitassem empregos com salários que os empregadores estavam dispostos a pagar, mas que os substitutos não aceitavam. Ao excluir suas opções, os adolescentes negros do sexo masculino tiveram que aceitar um trabalho sem remuneração, porém legalmente, ou ganhar dinheiro com atividades ilegais, como a venda de drogas — uma atividade que envolve riscos com relação à Justiça e às gangues rivais. Mas, mesmo que os adolescentes negros desempregados ficassem ociosos nas ruas, nenhuma comunidade, de qualquer raça, se beneficiaria de ter diversos adolescentes do sexo masculino sem nenhuma utilidade.

Nenhum desses fatos causou a menor impressão em muitas pessoas que defendem valores mais altos do que o salário mínimo. Esse é outro exemplo de situações em que os "amigos" e "defensores" dos menos afortunados não se dão conta do mal que estão causando. O colunista do *New York Times*, Nicholas Kristof, por exemplo, descreveu as pessoas que se opõem às leis de salário mínimo como "hostis" ao "aumento do salário mínimo para acompanhar a inflação" em virtude de sua "maldade" ou "na melhor das hipóteses, de uma falta de empatia para com aqueles que estão lutando".[51]

Não é necessário dizer que Kristof tem intenções malignas. A moralização sem fatos é um padrão comum entre os defensores da justiça social. Mas o principal problema é institucional, quando as leis permitem que terceiros se antecipem às decisões de outras pessoas e *não paguem nenhum preço por estarem errados*, não importa quão alto seja o preço pago pelas pessoas que eles supostamente estão ajudando.

Qualquer pessoa seriamente interessada em fatos a respeito dos efeitos das leis de salário mínimo sobre o emprego pode encontrá-los em inúmeros exemplos de países do mundo inteiro em diferentes períodos da história.[52] A maioria dos países industrializados modernos tem leis de salário mínimo, mas alguns não, de modo que podemos comparar seus níveis de desemprego.

Em fevereiro de 2003, a revista *The Economist* noticiou que a taxa de desemprego na Suíça "se aproximou de uma alta de 3,9% em 5 anos",[53] e a Suíça não tinha uma lei de salário mínimo. A cidade-estado de Singapura também não tem uma lei de salário mínimo, e sua taxa de desemprego foi de 2,1% em 2013.[54] Em 1991, quando Hong Kong ainda era uma colônia britânica, também não tinha uma lei de salário mínimo e sua taxa de desemprego era inferior a 2%.[55] O último governo norte-americano sem uma lei de salário mínimo nacional foi o de Coolidge, na década de 1920. Nos últimos quatro anos de mandato daquele presidente, a taxa de desemprego anual variou de um máximo de 4,2% a um mínimo de 1,8%.[56]

Embora alguns defensores da justiça social possam pensar nas leis de salário mínimo como uma forma de ajudar as pessoas de baixa renda, muitos grupos de interesses específicos em países do mundo inteiro — talvez mais experientes e informados sobre os próprios interesses econômicos — têm defendido deliberadamente leis de salário mínimo com o propósito expresso de excluir algumas pessoas de baixa renda do mercado de trabalho. Em determinada época, os grupos que foram alvo de exclusão incluíam trabalhadores japoneses imigrantes no Canadá[57] e africanos na África do Sul durante o apartheid,[58] entre outros.[59]

Empréstimos Consignados

Pressupostos semelhantes levaram a muitos movimentos locais por justiça social, a fim de proibir os chamados "empréstimos consignados" em bairros de baixa renda. Em geral, são empréstimos de pequenas quantias de dinheiro a curto prazo, cobrando algo em torno de US$15 a cada US$100 emprestados, talvez durante algumas semanas.[60] Muitas vezes, as pessoas de baixa renda recorrem a esses empréstimos quando têm uma emergência financeira, porque é improvável que os bancos lhes concedam empréstimos, e o dinheiro de que elas precisam para lidar com essa emergência deve ser pago antes do próximo pagamento — seja um crédito consignado privado, uma parcela da previdência social ou dinheiro de alguma outra fonte.

Talvez um carro velho tenha estragado e necessite de conserto imediatamente, se esse for o único meio de transporte da pessoa que precisa chegar ao trabalho. Ou um membro da família dela pode ter ficado doente de repente e precisa de um remédio caro o mais rápido possível. De qualquer forma, essas pessoas precisam de dinheiro que não têm e *imediatamente*. Pagar US$15 por um empréstimo de US$100 até o final do mês pode ser uma das poucas opções disponíveis. Mas, matematicamente, isso pode resultar em uma taxa de juros anual de muitas centenas por cento — e os defensores da justiça social consideram isso "exploração". Por isso, foram publicadas muitas críticas aos empréstimos consignados nas páginas do *New York Times*[61] e em muitos outros espaços de ativismo da justiça social.[62]

Seguindo o mesmo tipo de raciocínio que critica as taxas de juros dos empréstimos consignados, dizendo que é de muitas centenas por cento ao ano, o aluguel de um quarto de hotel por US$100 a noite equivale a US$36.500 ao ano, um valor que parece exorbitante. Mas é claro que é muito improvável que a maioria das pessoas alugue um quarto de hotel por um ano a esse preço. Também não existe nenhuma garantia para a gerência do hotel de que todos os quartos serão alugados todas as noites, embora os funcionários precisem receber seu pagamento em dia, independentemente de quantos quartos sejam alugados durante o mês, a semana ou não.

No entanto, com base no raciocínio sobre as taxas de juros anuais, alguns estados impuseram limites, o que muitas vezes tem sido suficiente para fechar a maioria das empresas de empréstimo consignado. Entre as outras falhas de raciocínio dos defensores da justiça social está o fato de que os US$15 não são o total de juros, como os economistas os definem. Essa soma também cobre o custo de processamento do empréstimo e os riscos inevitáveis de perdas em qualquer tipo de empréstimo, assim como despesas comerciais comuns, como salários de funcionários, aluguel etc., que outras empresas têm.

Estes representam uma porcentagem maior de todos os custos quando uma pequena quantia de dinheiro é emprestada. Ao banco, não custa cem vezes mais processar um empréstimo de US$10 mil do que a uma empresa de empréstimo consignado processar um empréstimo de US$100.

Resumindo, é improvável que a taxa de juros real — líquida de outros custos — esteja em um valor próximo dos números alarmantes que são divulgados de maneira imprudente, a fim de justificar a antecipação das decisões de pessoas de baixa renda que estão diante de uma emergência financeira. Porém, mesmo assim, as elites intelectuais e os defensores da justiça social podem sair de cena se sentindo bem consigo mesmos após privarem as pessoas pobres de uma de suas poucas opções para lidar com esse tipo de emergência.

Para uma pessoa que está diretamente envolvida, evitar a perda de um dia de trabalho ou poupar um membro da família de um sofrimento desnecessário pode valer muito mais do que US$15. Mas talvez nunca ocorra às elites intelectuais que lideram movimentos o fato de que as pessoas comuns podem ter um conhecimento muito mais importante sobre as próprias circunstâncias do que esses substitutos distantes.

Quanto à "exploração", nem sempre é fácil saber o que algumas pessoas querem dizer especificamente quando usam essa palavra, a não ser para expressar sua desaprovação. Mas, se considerarmos que, nesse contexto, "exploração" significa que os donos de empresas que concedem empréstimos consignados recebem uma taxa de retorno sobre seu investimento comercial mais alta do que o necessário para compensá-los por estarem nesse negócio específico, então o fechamento de muitas empresas de empréstimos consignados, na esteira da legislação que reduz suas taxas de "juros", sugere o contrário. Por que alguém desistiria de um negócio que ainda lhe dá o mesmo retorno sobre o investimento que outras empresas recebem?

Nos casos específicos em que os limites legislados sobre o que é denominado "juros" forçam as empresas de empréstimo consignados a fecharem as portas, os reformadores da justiça social podem sair felizes e certos de que acabaram com a "exploração" dos pobres, quando, na verdade, eles simplesmente negaram aos pobres uma das poucas opções de emprestar dinheiro em uma emergência, impedindo que as empresas que dão essa opção ganhem uma taxa de retorno que é comumente cobrada em outros negócios.

Decisões sobre Moradia

Até mesmo decisões particulares básicas, como a moradia — o tipo de moradia e de vizinhança —, foram preteridas por tomadores de decisão substitutos.

Por mais de um século, os reformadores sociais têm usado o poder do governo para forçar as pessoas de baixa renda a abandonarem suas moradias e a se mudarem para lugares que os reformadores consideram melhores. Essas políticas receberam diversos nomes, como "remoção de favelas", "renovação urbana" ou quaisquer outros nomes que estivessem politicamente em voga em diversos momentos da história.

Algumas das moradias em que viviam as pessoas mais pobres, principalmente no início do século XX, eram horríveis. Uma pesquisa realizada em 1908 mostrou que cerca de metade das famílias que moravam no Lower East Side de Nova York tinha três ou quatro pessoas dormindo em um único cômodo e quase 25% dessas famílias tinham cinco ou mais pessoas dormindo nesse cômodo.[63] Naquela época, era muito raro haver banheiros individuais nas moradias desses locais. Ter uma torneira ou vaso sanitário dentro das casas, para ser compartilhado com todos, foi uma melhoria recente, mas de forma alguma em todas as casas. Havia, ainda, milhares de banheiros no lado de fora, nos quintais, o que dificultava seu uso durante o inverno.

Os tomadores de decisão substitutos não se limitaram a aconselhar os inquilinos a saírem de suas casas, e o governo também não forneceu locais para os quais pudessem ir. Em vez disso, as autoridades governamentais ordenaram que as casas fossem demolidas e usaram a polícia para despejar os inquilinos que não queriam sair. Durante esse período e posteriores, os tomadores de decisão substitutos simplesmente presumiram que seu conhecimento e entendimento eram superiores aos das pessoas de baixa renda que eles haviam forçado a sair desses locais. Mais tarde, após a construção de moradias melhores para substituí-las, haveria uma justificativa para as tomadas de decisões dos substitutos.

Mesmo que tanto as moradias para as quais os inquilinos despejados se mudaram imediatamente quanto as novas, construídas para substituir as antigas fossem melhores, os inquilinos já tinham a primeira opção antes de serem despejados — e a escolha deles, quando tinham, era ficar onde estavam, para economizar o dinheiro que lhes era necessário, em vez de pagar um aluguel mais alto, pois, muitas vezes, as moradias melhores que eram construídas como substitutas eram, também, mais caras.

Entre os imigrantes europeus mais pobres daquela época, estavam os judeus do Leste Europeu. Os homens geralmente começavam a trabalhar como vendedores ambulantes nas ruas, enquanto as mulheres e as crianças trabalhavam em casa, produzindo remessas de roupas nos cômodos do barraco onde moravam, por longas horas e recebendo muito pouco por peça vendida. Em geral, elas tentavam economizar dinheiro suficiente para abrir uma pequena loja ou mercearia, na esperança de conseguir uma vida melhor ou, pelo menos, para que os homens não precisassem trabalhar nas ruas como vendedores ambulantes todos os dias, sujeitos a todos os tipos de clima.

Muitos desses imigrantes judeus tinham familiares na Europa Oriental, que estavam sendo atacados por multidões antissemitas. O dinheiro economizado também era usado para pagar as passagens de membros da família que precisavam fugir desesperadamente. Durante esses anos, a maioria dos imigrantes judeus do Leste Europeu que foram para os Estados Unidos teve suas passagens pagas por membros da família que já moravam no país,[64] embora, na época, muitos judeus ainda fossem pobres e morassem em barracos.

Outros grupos de imigrantes que também viviam em barracos nos Estados Unidos do século XIX e início do XX lidavam com situações de urgência semelhantes. As famílias dos imigrantes italianos, em sua maioria homens, geralmente eram das regiões mais pobres do sul da Itália, para as quais eles enviavam o dinheiro que ganhavam nos Estados Unidos. Para economizar, costumavam se agrupar e dormir em um único cômodo. Aqueles que perceberam que os italianos pareciam ser fisicamente menores do que os outros homens — algo que não foi dito sobre os homens italianos nos Estados Unidos nas gerações posteriores — talvez não soubessem que eles economizavam inclusive na alimentação, a fim de poupar dinheiro para voltar à Itália em alguns anos e reencontrar suas famílias ou para enviar dinheiro para elas com o intuito de se juntarem a eles nos Estados Unidos.

Em uma geração anterior, os imigrantes irlandeses viviam em algumas das piores favelas da América do Norte — geralmente em família, mas também com outros membros da família que ainda permaneciam na Irlanda, onde uma quebra de safra, na década de 1840, gerou uma fome devastadora no país. Assim como os imigrantes judeus da Europa Oriental nos anos posteriores, os irlandeses que viviam na América do Norte enviavam dinheiro a seus familiares na Irlanda, para que estes pudessem imigrar para a América do Norte com suas passagens já pagas.[65]

Esses e outros motivos urgentes para a necessidade de economizar dinheiro faziam parte do conhecimento consequente sentido na pele pelos membros das famílias que viviam nesses cortiços, mas é menos provável que os tomadores de decisão substitutos, com toda a confiança no próprio conhecimento e compreensão supostamente superiores, os conhecessem. Walter E. Weyl, escritor do início da era progressista, disse que "uma lei para os cortiços aumenta a liberdade de seus moradores".[66] A resistência daqueles que precisaram ser forçados a sair pela polícia sugere que eles viam as coisas de maneira diferente.

Crianças

Uma intromissão ainda maior na vida de outras pessoas tem sido o desprezo do papel dos pais na criação dos próprios filhos.

A decisão sobre quando e como os pais querem que seus filhos sejam instruídos e aconselhados sobre sexo foi simplesmente anulada pelos substitutos que introduziram a "educação sexual" nas escolas públicas na década de 1960. Como tantos outros movimentos sociais das elites intelectuais, a agenda da "educação sexual" foi apresentada politicamente como uma resposta urgente a uma "crise" existente. Nesse caso, os temas considerados problemas a serem resolvidos incluíam gravidez indesejada entre meninas adolescentes e doenças venéreas entre ambos os sexos.

Um representante da Planned Parenthood, por exemplo, testemunhou perante um subcomitê do Congresso sobre a necessidade desses programas "para ajudar nossos jovens a reduzir a incidência de nascimentos fora do casamento e de casamentos precoces devido à gravidez".[67] Opiniões semelhantes, tanto em relação às doenças venéreas quanto à gravidez indesejada, foram reproduzidas em diversos círculos intelectuais de elite, e quem os questionava ou criticava eram retratados como ignorantes ou coisa pior.[68]

Quais eram os fatos reais, na época dessa "crise", que supostamente necessitava de uma "solução" urgente a ponto de substituir o papel dos pais? *As doenças venéreas estavam em declínio há anos.* A taxa de infecção por gonorreia diminuiu a cada ano no período de 1950 a 1958, e a taxa de infecção por sífilis em 1960 era menos da metade do que era em 1950.[69] Por mais de uma década, a taxa de gravidez entre meninas adolescentes vinha diminuindo.[70]

Quanto aos fatos sobre o que aconteceu *depois* que a "educação sexual" foi amplamente introduzida nas escolas públicas, a taxa de gonorreia entre adolescentes triplicou entre 1956 e 1975.[71] A taxa de infecção por sífilis continuou a diminuir, mas a *taxa* de declínio a partir de 1961 não foi nem de longe tão acentuada quanto a dos anos anteriores.[72]

Durante a década de 1970, a taxa de gravidez entre mulheres de 15 a 19 anos aumentou de aproximadamente 68 por mil, em 1970, para cerca de 96 por mil em 1980.[73] Os dados relacionados às taxas de *natalidade* nessa mesma faixa etária diferem numericamente — devido aos abortos espontâneos e provocados —, porém o *padrão* ao longo dos anos foi semelhante.

Começando nos anos anteriores à ampla introdução da educação sexual nas escolas públicas na década de 1960, a taxa de natalidade entre mulheres solteiras de 15 a 19 anos era de 12,6 por mil em 1950, de 15,3 em 1960, de 22,4 em 1970 e de 27,6 em 1980. No final do século, em 1999, era de 40,4 por mil.[74] Como porcentagem de todos os nascimentos de mulheres nessa mesma faixa etária — tanto casadas quanto solteiras —, os de mulheres solteiras foram de 13,4% em 1950, de 14,8 em 1960, de 29,5 em 1970 e de 47,6 em 1980. A partir do ano 2000, mais de três quartos de todas as gestações de mulheres nessa faixa etária — 78,7% — foram de mulheres solteiras.[75]

Não é difícil descobrir o motivo: em 1976, a porcentagem de adolescentes na faixa etária de 15 a 19 anos, solteiras e sexualmente ativas era mais alta do que cinco anos antes.[76] Também não é difícil entender por quê, uma vez que o programa de ensino do que era chamado de "educação sexual" incluía coisas como:

> Um popular programa de instrução sexual para alunos do ensino médio, de 13 e 14 anos, mostra filmes de quatro casais nus, dois homossexuais e dois heterossexuais, praticando uma variedade de atos sexuais explícitos, e os professores são advertidos com uma nota de cautela dos educadores sexuais a não mostrarem os materiais aos pais ou aos amigos: "Muitos dos materiais mostrados às pessoas fora do contexto do próprio programa podem gerar mal-entendidos e dificuldades."[77]

Quando alguns pais em Connecticut tomaram conhecimento dos detalhes específicos desses programas de "educação sexual" e protestaram contra, eles foram chamados de "fundamentalistas" e "extremistas de direita". Acontece que a religião deles é bastante conhecida, mesmo que suas opiniões políticas não o sejam. Eles eram episcopalianos influentes.[78] Mas nesse caso, como em muitas outras questões envolvendo os movimentos sociais das elites intelectuais, os argumentos contra suas posições quase sempre são respondidos por críticas *ad hominem*, em vez de contra-argumentos baseados em fatos. Um dos comentários dos "especialistas" era de que "o sexo e a sexualidade se tornaram um assunto complexo e técnico demais para ser deixado a cargo de pais comuns, que são desinformados ou tímidos demais para compartilhar informações úteis com seus filhos".[79]

Em um amplo espectro de questões, as pessoas que se consideram detentoras de um conhecimento consequente superior, inexistente em outras, não veem problema em se antecipar às decisões delas. Tampouco as consequências que são o oposto do que foi previsto são, obrigatoriamente, castigadoras. Muitos defensores da inclusão da "educação sexual" em escolas públicas usaram essas consequências terríveis para mostrar uma necessidade ainda mais urgente de mais "educação sexual".[80]

Entretanto, como no caso dos deterministas genéticos do início da era progressista, houve um importante defensor e líder da iniciativa original da "educação sexual" nas escolas públicas que enfrentou os fatos com franqueza: Sargent Shriver, ex-diretor do Office of Economic Opportunity. Em depoimento perante um comitê do Congresso em 1978, ele disse:

> Assim como as doenças venéreas aumentaram 350% nos últimos 15 anos, quando abrimos mais clínicas, distribuímos mais pílulas e tivemos uma melhor educação sexual do que nunca na história, também tivemos um aumento da gravidez na adolescência.[81]

Da mesma forma como Carl Brigham se retratou de suas conclusões sobre o determinismo genético em uma geração anterior, é difícil encontrar pessoas dispostas a serem igualmente francas.

PADRÕES E CONSEQUÊNCIAS

Na política — seja eleitoral ou ideológica —, a palavra "crise" geralmente significa qualquer situação que alguém queira mudar. Longe de indicar automaticamente alguma condição terrível que sirva como ameaça ao público, muitas vezes significa apenas uma oportunidade de ouro para os substitutos usarem o dinheiro dos contribuintes e o poder do governo para promoverem seus interesses, sejam eles políticos, ideológicos ou financeiros.

Há séculos as elites intelectuais que lutam por objetivos ideológicos têm visto as crianças como o principal alvo de suas mensagens. Já no século XVIII, William Godwin disse que as crianças — *os filhos de outras pessoas* — "são uma espécie de matéria-prima colocada em nossas mãos".[82] A mente delas "é como uma folha de papel branco".[83] Essa visão de ensinar os filhos de outras pessoas como uma oportunidade de ouro para os intelectuais moldarem a sociedade, controlando o que é inserido na mente desses jovens, presumivelmente em branco, continuou sendo uma característica fundamental dos movimentos sociais, para refazer o mundo de acordo com os preconceitos das elites intelectuais, que se consideram os principais detentores do conhecimento consequente.

Essa mesma concepção do papel educacional dos movimentos das elites intelectuais foi uma característica central da era progressista — tanto no início quanto no final do século XX, continuando até os dias atuais. Antes de Woodrow Wilson, ícone da era progressista, tornar-se presidente dos Estados Unidos, ele foi presidente da Universidade de Princeton. Ele considerava que seu papel como educador era "fazer com que os jovens cavalheiros da nova geração fossem tão diferentes de seus pais quanto possível".[84] Não houve nenhuma sugestão de quem lhe deu essa incumbência — ou mesmo se os pais aprovariam, e muito menos pagariam, por essa usurpação de seu papel, se soubessem disso.

Outra figura importante do início da era progressista, o professor John Dewey, da Universidade de Colúmbia, também considerava as escolas ambientes que serviam para ajudar a "eliminar os males sociais óbvios" por meio do "desenvolvimento de crianças e jovens, mas também da sociedade futura que eles formarão".[85] De acordo com Dewey, as escolas "treinam o Estado de amanhã" e podem ser fundamentais para "superar os defeitos atuais de nosso sistema".[86] Resumindo, "a função do ambiente escolar é eliminar, na medida do possível, as características indignas do ambiente existente" e "eliminar" a indesejável "madeira apodrecida do passado".[87] John Dewey é reconhecido há muito tempo como uma influência importante e duradoura sobre o papel das escolas públicas norte-americanas. Os diversos escritos de Dewey sobre educação raramente se concentraram em preocupações mundanas, como fazer com que os alunos entendam melhor os conteúdos de disciplinas como matemática, ciências e linguagens. Ele claramente buscava um papel mais abrangente para os educadores como promotores de uma visão progressista da sociedade — e fazia isso pelas costas dos pais.

Quando Dewey fundou o Laboratory School na Universidade de Chicago, seus objetivos eram ideológicos — refletindo o sentimento apaixonado do próprio Dewey por questões políticas da época — e principalmente um sentimento de necessidade de mudar as instituições econômicas, entre outras, da sociedade norte-americana.[88]

Ironicamente, muitas elites intelectuais — na época e hoje em dia — parecem se considerar promotoras de uma sociedade mais *democrática* ao se anteciparem às decisões de outras pessoas. Sua concepção de democracia parece ser a equiparação de resultados por parte das elites intelectuais. Isso conferiria benefícios aos menos afortunados, às custas daqueles que esses substitutos consideram menos merecedores. No entanto, isso é muito diferente da democracia como um sistema político, baseado em escolhas livres dos membros do público eleitor para determinar por quais leis e políticas eles querem ser governados — e quais indivíduos querem colocar no comando do governo para administrar essas leis e políticas.

Nenhum norte-americano proeminente declarou mais abertamente sua rejeição à democracia como controle político pelo público eleitor do que o presidente Woodrow Wilson. Ele rejeitou a "soberania popular" como base para o governo, pois a enxergava como um obstáculo que impedia o que ele chamava de "experiência executiva".[89] Claramente, ele acreditava que o conhecimento consequente estava concentrado em "especialistas" da elite. Para ele, "os muitos, o povo" eram "egoístas, ignorantes, tímidos, teimosos ou tolos".[90] Ele deplorava o que chamava de "esse nosso erro terrível, o erro de tentar fazer muita coisa por meio do voto".[91] Ele era a favor de um governo composto por tomadores de decisão substitutos, munidos de conhecimento e compreensão superiores — "experiência executiva" — e sem o impedimento do público eleitor.

A resposta de Woodrow Wilson às objeções de que isso privaria as pessoas em geral da liberdade de viver suas vidas como bem entendessem foi redefinir a palavra "liberdade". Ao se candidatar à presidência em 1912, ele usou a expressão "a nova liberdade"[92] e publicou um livro com esse título.[93] Ao simplesmente descrever os benefícios fornecidos pelo governo — distribuídos por tomadores de decisão substitutos — como uma liberdade *extra* para os beneficiários, o presidente Wilson fez desaparecer a questão da perda de liberdade das pessoas como se fosse um truque verbal.

Se os supostos beneficiários dessas políticas considerariam válida a troca de sua liberdade pessoal por benefícios governamentais foi uma questão mantida fora da agenda por essa redefinição do termo "liberdade". O subtítulo do livro de Woodrow Wilson era "Um Chamado para a Emancipação das Energias Generosas de um Povo" e foi dedicado, "de todo o meu coração", às pessoas que se empenhariam ao "serviço público altruísta".[94] Pelo menos retoricamente, as pessoas estavam sendo emancipadas, em vez de perderem sua liberdade.

Ao longo dos anos, até o século XXI, temas semelhantes seriam repetidos diversas vezes por outros. Durante a vasta expansão do estado de bem-estar social norte-americano pelo governo de Lyndon Johnson na década de 1960, por exemplo, um membro do gabinete desse governo usou a redefinição do termo "liberdade" como acréscimos do tipo de coisas que os governos poderiam fornecer ao povo, em vez de autonomia pessoal em suas decisões e seu comportamento:

> Apenas quando puder sustentar a si mesmo e à sua família, escolher seu emprego e ganhar um salário digno, o indivíduo e sua família poderão exercer a verdadeira liberdade. Caso contrário, ele é um servo da sobrevivência sem os meios para fazer o que deseja.[95]

Alguns anos depois, um livro de dois professores de Yale — *Politics, Economics, and Welfare* — também definiu a liberdade em termos de coisas recebidas pelo governo, em vez de autonomia preservada. Como eles expressaram, "tentaremos desvendar algumas das complexidades da teoria e da prática da liberdade".[96] Sua concepção de liberdade era "a ausência de obstáculos para a realização dos desejos".[97] As "complexidades" dessa definição wilsoniana de liberdade são certamente compreensíveis, pois fugir do óbvio pode se tornar muito complexo. Quando Spartacus liderou uma revolta de escravos, na época do Império Romano, não o estava fazendo para obter benefícios do estado de bem-estar social.

A redefinição mais sofisticada ou "complexa" do termo liberdade continuou no século XXI. O autor de um livro intitulado *The Great Escape: Health, Wealth, and the Origins of Inequality* disse: "Neste livro, quando falo de liberdade, é a liberdade de viver uma vida boa e de fazer as coisas que fazem a vida valer a pena. A ausência de liberdade é pobreza, privação e saúde precária — há muito tempo, o destino de grande parte da humanidade e, ainda hoje, o destino de uma proporção escandalosamente alta do mundo."[98]

Na época do movimento progressista, no início do século XX, John Dewey questionou se a maioria das pessoas se importava com a liberdade, no sentido que a palavra significava há séculos, antes de Woodrow Wilson redefini-la. Dewey disse:

> Será que a liberdade, em si mesma e nas coisas que traz consigo, é tão importante quanto a segurança dos meios de subsistência, como comida, abrigo, roupas ou, até mesmo, diversão?[99]

Dewey perguntou: "Como o desejo de liberdade se compara, em intensidade, ao desejo de se sentir igual aos outros, principalmente àqueles que anteriormente eram chamados de superiores?"[100] Ele disse: "Ao olharmos para o mundo, vemos instituições supostamente livres em muitos países não tão derrubadas quanto abandonadas voluntariamente e, aparentemente, com gosto".[101]

Embora Dewey fosse professor de Filosofia e estivesse ciente de que as teorias "devem ser consideradas hipóteses" a serem submetidas a "ações que as testem", para que não sejam aceitas como "dogmas inflexíveis",[102] nenhum desses testes ou evidências acompanhou seus pronunciamentos generalizados sobre coisas como "males sociais óbvios" na sociedade norte-americana contemporânea.[103] Tampouco esses testes foram aplicados a outros pronunciamentos generalizados do professor Dewey sobre "nosso sistema de mercado defeituoso",[104] sua afirmação de que "os donos de fábricas colheram desproporcionalmente ao que semearam",[105] ou que as escolas precisavam compensar "a rudeza, os erros e os preconceitos dos mais velhos" que as crianças presenciavam em casa.[106]

Esse desprezo casual pelas pessoas comuns e pela liberdade delas não se limitou, de forma alguma, a John Dewey ou aos educadores. O mesmo desrespeito aos direitos e valores de outras pessoas por parte das elites intelectuais também estava na lei. Uma das principais autoridades jurídicas da era progressista foi Roscoe Pound, que durante 20 anos — de 1916 a 1936 — foi reitor da Faculdade de Direito de Harvard, onde muitos dos principais acadêmicos de Direito se formaram. E eram estes que promoviam um papel expansivo para os juízes na "interpretação" da Constituição, a fim de afrouxar suas restrições ao poder governamental, em prol do que Roscoe Pound chamou de "justiça social", já em 1907.[107]

Pound invocou os termos "ciência" e "científico" diversas vezes em suas análises,[108] que não tinham nem os procedimentos, nem a precisão da ciência. Deveria haver uma "ciência da política"[109] e uma "ciência do direito".[110] Da mesma forma, ele urgia por "engenharia social",[111] como se os outros seres humanos fossem componentes inertes da máquina social a serem moldados pelas elites para se transformarem em uma sociedade com "justiça social".

Com Pound, assim como com Woodrow Wilson, os desejos do público em geral ficavam em segundo plano. Pound lamentou o fato de que "ainda insistimos na sacralidade da propriedade perante a lei" e citou com aprovação o "progresso da lei para longe do antigo individualismo", que "não se limita aos direitos de propriedade".[112]

Assim, em 1907 e 1908, Roscoe Pound estabeleceu os princípios do ativismo judicial — indo além da interpretação da lei para a elaboração de políticas sociais —, que ainda seriam dominantes mais de cem anos depois e até os dias atuais. Uma das justificativas para esse papel ampliado dos juízes tem sido a alegação de que a Constituição é muito difícil de ser emendada, de modo que os juízes devem emendá-la por meio de "interpretação", a fim de adaptá-la aos tempos de mudança.

Como muitas coisas que têm sido ditas e repetidas incessantemente pelas elites com visão de justiça social, essa lógica é desmentida por fatos prontamente disponíveis. A Constituição dos Estados Unidos teve *quatro* emendas em um período de *oito anos* — de 1913 a 1920[113] —, durante o auge dos progressistas, que alegavam ser quase impossível emendar a Constituição.[114] Quando o povo queria que a Constituição fosse emendada, ela era. Quando as elites queriam que ela fosse emendada, mas o povo não, isso não era um "problema" a ser "resolvido". Isso era democracia, mesmo que frustrasse as elites convencidas de que sua sabedoria e virtude superiores deveriam ser impostas às outras pessoas.

Dean Pound simplesmente descartou como "dogma" a separação de poderes da Constituição, porque isso "limitaria os tribunais à interpretação e à aplicação" da lei.[115] A concepção do próprio Pound sobre o papel dos juízes era muito mais abrangente.

Já em 1908, Pound se referiu à conveniência de "uma Constituição viva por meio da interpretação judicial".[116] Ele convocou "um despertar da atividade jurídica", para "o jurista sociológico" e declarou que a lei "deve ser julgada pelos resultados que alcança".[117] O que ele chamou de jurisprudência "mecânica"[118] foi condenado por "sua incapacidade de responder às necessidades vitais da vida atual". Quando a lei "se torna um corpo de regras", essa "é a condição contra a qual os sociólogos agora protestam, e protestam com razão",[119] disse ele. O que ficou sem explicação foi por que juízes e sociólogos deveriam estar elaborando as políticas sociais, em vez das pessoas eleitas como legisladores ou executivos.

Seja no Direito ou em outras disciplinas, uma das marcas dos intelectuais de elite que buscam se antecipar às decisões de outras pessoas — seja em políticas públicas ou em suas vidas privadas —, é a confiança em *pronunciamentos* não fundamentados, baseados no consenso da própria elite, tratados como se fossem equivalentes a fatos documentados. Um sinal revelador disso é a frequência com que os argumentos de pessoas com pontos de vista opostos não são respondidos com contra-argumentos, mas com afirmações *ad hominem*. Esse padrão persiste há mais de um século, não só em discussões sobre questões relacionadas à justiça social, mas também em outras questões — e não só nos Estados Unidos, bem como entre as elites intelectuais de países do outro lado do Atlântico.

Desde os primeiros dias da era progressista nos Estados Unidos, uma das características das concepções dos progressistas sobre o pensamento social avançado era que a punição automática dos criminosos deveria ser substituída, ou pelo menos complementada, pelo *tratamento* do criminoso — como se o crime fosse uma doença, cujas "causas fundamentais" poderiam ser atribuídas tanto à sociedade quanto ao criminoso. Alguns escritores do século XVIII, como William Godwin, na Inglaterra, e o Marquês de Condorcet, na França, já traziam essas ideias.[120] Mas elas eram quase sempre apresentadas por progressistas do século XX como novas revelações da moderna "ciência social" e amplamente celebradas entre as elites intelectuais.[121]

Nessa atmosfera, a Suprema Corte dos Estados Unidos, em uma série de casos no início da década de 1960, começou a "interpretar" a Constituição como fornecendo "direitos" recém-descobertos para criminosos que, aparentemente, não haviam sido notados antes. Esses casos incluíram *Mapp v. Ohio* (1961), *Escobedo v. Illinois* (1964) e *Miranda v. Arizona* (1966). A maioria da Suprema Corte, liderada pelo presidente da Suprema Corte, Earl Warren, não se intimidou com as amargas opiniões divergentes de outros juízes, que se opuseram tanto aos perigos que estavam sendo criados quanto à falta de base legal para essas decisões.[122]

Em uma conferência de juízes e acadêmicos de Direito em 1965, quando um ex-comissário de polícia reclamou sobre a tendência das recentes decisões da Suprema Corte sobre o direito penal, o juiz William J. Brennan e o presidente da Suprema Corte, Earl Warren, "fecharam a cara" durante sua apresentação, de acordo com um relato publicado no *New York Times*. Mas, depois que um professor de Direito respondeu com desdém e escárnio ao que o comissário disse, Warren e Brennan "soltaram gargalhadas".[123]

Um mero policial se opondo a divindades da lei pode ter tido alguma graça para as elites durante esse encontro. Mas as estatísticas criminais podem apresentar uma perspectiva um pouco diferente. Antes de a Suprema Corte reformular a lei criminal, no início da década de 1960, a taxa de homicídios nos Estados Unidos vinha caindo por três décadas consecutivas — e essa taxa, em proporção à população, era pouco menos da *metade* em 1960 em comparação a 1934.[124] Quase imediatamente após a criação de novos "direitos" abrangentes para os criminosos pela Suprema Corte, no entanto, a taxa de homicídios se inverteu. No período de 1963 a 1973, ela *dobrou*.[125]

Ninguém achou isso engraçado, muito menos as mães, as viúvas e os órfãos de vítimas de homicídio. Embora essa tendência tenha ocorrido em todo o país, ela foi especialmente grave nas comunidades negras — pessoas que, supostamente, tinham toda a atenção dos defensores da justiça social, os quais, muitas vezes, também o eram na redução da ênfase na aplicação da lei e na punição, buscando, em vez disso, tratar as "principais causas" do crime.

Tanto antes quanto depois do súbito aumento de homicídios na década de 1960, a *taxa* de homicídios entre os negros era sempre um múltiplo daquela entre os brancos. Em alguns anos, houve mais vítimas de homicídio negras do que brancas — em números absolutos[126] —, embora o tamanho da população negra fosse apenas uma fração da branca. Isso significa que o aumento repentino de homicídios teve um impacto especialmente forte nas comunidades negras.

Os juízes da Suprema Corte com mandato vitalício são exemplos clássicos de elites que, institucionalmente, *não pagam nenhum preço por estarem erradas* —, não importa o quanto estejam e o preço que as outras pessoas paguem. O presidente da Suprema Corte, Earl Warren, não pagou sequer o preço de admitir seu erro. Em suas memórias, ele rejeitou os críticos das decisões de direito penal da Suprema Corte e atribuiu a culpa pelo crime "em nossa sociedade perturbada" às "principais causas" do crime — citando exemplos como "pobreza", "desemprego" e "degradação da vida nas favelas".[127] Mas não ofereceu nenhuma evidência factual de que qualquer uma dessas coisas tivesse piorado repentinamente na década de 1960 em relação às três décadas anteriores, quando a taxa de homicídios estava diminuindo.

IMPLICAÇÕES

A maneira como vemos a distribuição do conhecimento consequente é fundamental para decidir que tipos de decisões fazem sentido e por meio de que tipos de políticas e instituições. Cada pessoa tem a própria ilha de conhecimento em um mar de ignorância. Algumas ilhas são maiores do que outras, mas nenhuma é tão grande quanto o mar. De acordo com a concepção de Hayek, a enorme quantidade de conhecimento consequente disperso entre a população de uma sociedade inteira faz com que as diferenças na quantidade desse conhecimento entre algumas pessoas e outras sejam "comparativamente insignificantes".[128]

Essa conclusão fornece pouca base para que as elites intelectuais se envolvam em uma antecipação total das decisões de outras pessoas, sejam sobre como elas vivem suas vidas ou sobre os tipos de leis sob as quais o público eleitor quer viver e as pessoas que elas querem que sejam encarregadas de aplicar essas leis. As elites intelectuais, com realizações extraordinárias em suas respectivas especialidades, podem pensar pouco sobre o quão ignorantes conseguem ser em meio a um vasto espectro de outras preocupações.

Ainda mais perigosa do que a ignorância, entretanto, é a certeza falaciosa — que pode afligir pessoas de todos os níveis educacionais e de QI. Embora as pessoas possam não enxergar as próprias falácias, a vantagem dessa situação é que, muitas vezes, elas podem enxergar as falácias de outras pessoas com muito mais clareza — e vice-versa. Em um mundo de seres humanos inevitavelmente falíveis, com pontos de vista inevitavelmente distintos e fragmentos diferentes de conhecimento consequente, a capacidade das pessoas de corrigir umas às outras pode ser crucial para evitar que elas cometam erros fatalmente perigosos como indivíduos ou como sociedade.

O perigo fatal dos tempos atuais é a crescente intolerância e supressão de opiniões e evidências que diferem das ideologias predominantes que prevalecem nas instituições, desde o mundo acadêmico até o corporativo, a mídia e as instituições governamentais.

Muitos intelectuais que realizaram diversos feitos parecem presumir que essas realizações conferem validade às suas noções a respeito de uma ampla variedade de assuntos, que vão muito além do escopo de suas realizações. Mas sair do âmbito de sua especialidade pode ser como cair em um precipício.

Um QI alto e pouca informação podem resultar em uma combinação muito perigosa, como base para se antecipar às decisões de outras pessoas — principalmente quando essa antecipação ocorre em circunstâncias em que não há um preço a ser pago pelos tomadores de decisão substitutos, quando estes estão errados.

Pessoas estúpidas podem criar problemas, mas geralmente a verdadeira catástrofe é criada por pessoas brilhantes. E elas já fizeram isso diversas vezes — e de maneiras diferentes —, para que possamos reconsiderar antes de nos juntarmos às suas últimas investidas, lideradas por elites presunçosas, surdas a argumentos e imunes a evidências.

Capítulo 5

PALAVRAS, AÇÕES E PERIGOS

...devemos estar cientes dos perigos que residem em nossos desejos mais generosos.

Lionel Trilling[1]

As pessoas que compartilham muitas das mesmas preocupações básicas que os defensores da justiça social têm não necessariamente compartilham a mesma visão ou agenda, porque não fazem as mesmas suposições sobre opções, causas ou consequências. O icônico economista que defende o livre mercado, Milton Friedman, por exemplo, disse:

> No mundo inteiro, há muita desigualdade de renda e riqueza. Isso ofende a maioria das pessoas. Poucas são as que não se comovem com o contraste entre o luxo desfrutado por alguns e a pobreza extrema sofrida por outros.[2]

Da mesma forma, F.A. Hayek — outro economista icônico defensor do livre mercado — disse:

> É claro que se deve admitir que a maneira pela qual os benefícios e os ônus são distribuídos pelo mecanismo de mercado seria, em muitos casos, considerada muito injusta *se* fosse o resultado de uma alocação deliberada a determinadas pessoas.[3]

Claramente, Hayek também considerava a vida, em geral, injusta, mesmo existindo o livre mercado, que ele defendia. Mas isso não é o mesmo que dizer que ele considerava a *sociedade* injusta. Para Hayek, a sociedade era "uma estrutura ordenada", mas não uma unidade de tomada de decisões ou uma instituição de tomada de medidas.[4] Isso é o que os *governos* fazem.[5] No entanto, nem a sociedade, nem o governo compreendem ou controlam todas as diversas circunstâncias existentes — incluindo um grande elemento de sorte —, capazes de influenciar o destino de pessoas, classes, raças ou nações inteiras.

Conforme vimos, mesmo dentro de uma mesma família, é importante ser o primogênito ou o último filho. Quando descobriu-se que 52% das crianças finalistas da National Merit Scholarship eram os filhos primogênitos de uma família de cinco filhos, enquanto o quinto filho dessas mesmas famílias foi finalista em apenas 6% das vezes,[6] foi revelada uma disparidade maior do que quase todas aquelas entre os sexos ou raças.

Em uma economia em crescimento, outra coisa importante é em qual geração da família você nasceu.[7] Uma manchete jocosa da revista *The Economist* — "Choose your parents wisely"[8] [Escolha seus pais com sabedoria, em tradução livre] — destacou outra verdade importante sobre as desigualdades, ilustrada com esse conselho inviável. Essas circunstâncias fora de nosso controle são fatores importantes nas desigualdades econômicas, assim como em outros tipos de desigualdades. Tentar entender a causa não é, necessariamente, o mesmo que procurar um culpado.

A totalidade das circunstâncias que nos cercam foi chamada por Hayek de "cosmos"[9] ou universo. Nesse contexto, o que os outros chamam de "justiça social" poderia ser mais apropriadamente chamado de "justiça *cósmica*",[10] já que isso é o que seria necessário para produzir os resultados desejados por muitos defensores da justiça social.

Essa não é só uma questão de nomes diferentes. É uma questão mais fundamental sobre o que podemos ou não fazer — e a que custos e riscos. Quando há "diferenças nos destinos das pessoas pelos quais claramente nenhuma agência humana é responsável"[11] , como disse Hayek, não podemos exigir justiça cósmica. Nenhum ser humano, individual ou coletivamente, é capaz de controlar o cosmos — que é todo o universo de circunstâncias que nos cercam e que afetam as chances de cada um na vida. O grande elemento de sorte na vida de todos significa que nem a sociedade, nem o governo têm controle de causa ou responsabilidade moral que se estenda a tudo o que deu certo ou errado na vida de todas as pessoas.

Algumas pessoas talvez consigam pensar em um indivíduo específico, cujo aparecimento em sua vida em determinado momento alterou sua trajetória. Pode ser mais de uma pessoa, em diferentes estágios da vida, que mudaram sua perspectiva de diferentes formas, para melhor ou pior. Nem essas pessoas, nem os tomadores de decisão substitutos são capazes de controlar isso. Aquelas que acham que podem — que são "autossuficientes", salvadoras substitutas de outras pessoas ou do planeta — operam em um território perigoso, repleto de tragédias humanas e catástrofes nacionais.

Se o mundo ao nosso redor oferecesse chances iguais para todas as pessoas em todos os esforços — seja como indivíduos ou como classes, raças ou nações —, isso poderia muito bem ser visto como um mundo muito superior ao mundo real que contemplamos atualmente. Independentemente de ser chamado de justiça social ou cósmica, isso pode ser visto como ideal por muitas pessoas que concordam com pouco mais. Porém nossos ideais não nos dizem nada sobre nossas habilidades e seus limites — ou sobre os perigos de tentar ir além desses limites.

Apenas como um exemplo, o ideal de aplicar as leis penais de maneira individualizada ao criminoso, em vez de generalizada a partir do crime, existe desde os primeiros progressistas norte-americanos.[12] Antes mesmo de considerar se isso é desejável, primeiro há a questão de saber se os seres humanos são *capazes* de fazer isso. Onde agentes públicos poderiam ter adquirido um conhecimento tão abrangente, intimista e acurado sobre um estranho, e muito menos ter a sabedoria sobre-humana para aplicá-lo nas inúmeras dificuldades da vida?

Um criminoso pode ter tido uma infância infeliz; mas será que isso justifica brincar com a vida de outras pessoas, ao permitir que ele circule livre entre elas após algum processo que recebeu o nome de "reabilitação"? Será que as concepções grandiloquentes e as palavras da moda são tão importantes assim, a ponto de ser necessário arriscar a vida de homens, mulheres e crianças inocentes?

O principal insight de F.A. Hayek foi que todo o conhecimento consequente crucial para o funcionamento de uma sociedade grande não existe em sua totalidade em *nenhum* indivíduo, classe ou instituição. Portanto, o funcionamento e a sobrevivência de uma sociedade grande exigem a coordenação entre inúmeras pessoas com inúmeros fragmentos de conhecimento consequente. Isso colocou Hayek em uma postura de oposição a diversos sistemas de controle centralizado, seja uma economia planejada de maneira centralizada, sistemas de tomada de decisão substituta abrangente no âmbito da justiça social ou suposições de que a "sociedade" é moralmente responsável pelo destino bom ou ruim de todos os seus membros, quando ninguém tem o conhecimento necessário para tal responsabilidade.

O fato de não podermos fazer tudo não significa que não devemos fazer nada. Mas isso sugere que precisamos ter certeza de que nossos fatos estão corretos, para que não pioremos as coisas enquanto tentamos melhorá-las. Em um mundo cujos fatos mudam constantemente e que é habitado por seres humanos inerentemente instáveis, isso significa deixar tudo o que dizemos ou fazemos aberto a críticas. As certezas dogmáticas e a intolerância à discordância muitas vezes levaram a grandes catástrofes, e em nenhum outro momento do século XX foi assim. A continuação e o aumento dessas práticas no século XXI não é, de forma alguma, um sinal de esperança.

No século XVIII, Edmund Burke fez uma distinção fundamental entre seus ideais e políticas. Ele disse: "Preservando meus princípios inabaláveis, reservo minha atividade para esforços racionais."[13] Em outras palavras, ter ideais elevados não implicava levar o *idealismo* ao extremo de tentar impor esses ideais *a todo custo* e alheio a todos os perigos.

Alguns já tentaram a busca por ideais elevados a todo custo, especialmente durante a criação das ditaduras totalitárias do século XX, muitas vezes baseadas em objetivos igualitários com os mais elevados princípios morais. No entanto, os poderes conferidos por meio dos motivos mais belos podem ser usados para os piores propósitos — e, além de certo ponto, os poderes conferidos não podem ser retirados. Milton Friedman entendeu isso claramente:

> Uma sociedade que coloca a igualdade — no sentido de igualdade de resultados — acima da liberdade acabará não tendo nem igualdade nem liberdade. O uso da força para alcançar a igualdade destruirá a liberdade, e a força, introduzida para bons propósitos, acabará nas mãos de pessoas que a usam para promover os próprios interesses.[14]

Por ter vivido a era da ascensão das ditaduras totalitárias na Europa do século XX e ter testemunhado como isso aconteceu, F.A. Hayek chegou basicamente às mesmas conclusões. Mas ele não considerava os defensores da justiça social pessoas malignas, que conspiravam para criar ditaduras totalitárias. Hayek disse que alguns dos principais defensores da justiça social incluíam indivíduos cujo altruísmo era "inquestionável".[15]

Hayek argumentou que o tipo de mundo idealizado pelos defensores da justiça social — um mundo em que todos têm chances iguais de serem bem-sucedidos em todos os esforços — não só era inatingível, mas que sua busca fervorosa, porém fútil, poderia levar ao oposto do que os defensores estão buscando. Isso não significa dizer que os defensores da justiça social criariam ditaduras, mas que seus ataques apaixonados às democracias existentes poderiam enfraquecê-las a ponto de *outras pessoas* conseguirem assumir poderes ditatoriais.

Os próprios defensores da justiça social obviamente não compartilham as conclusões de seus críticos, como Friedman e Hayek. Mas o fato deles terem conclusões diferentes não significa, necessariamente, que têm outros valores morais fundamentais. As diferenças entre eles tendem a estar no nível de crenças fundamentalmente *diferentes sobre as circunstâncias* e *as suposições a respeito da causalidade*, as quais podem produzir conclusões muito diversas. Eles idealizam mundos diferentes, que funcionam com base em princípios diferentes, e descrevem esses mundos com palavras que têm significados diferentes dentro da estrutura de visões diferentes.

Quando as visões e os vocabulários divergem de maneira tão fundamental, uma análise dos fatos oferece pelo menos a esperança de um esclarecimento.

VISÕES E VOCABULÁRIOS

De certa forma, as palavras são apenas o recipiente por meio do qual os significados são transmitidos de algumas pessoas para outras. Mas, assim como alguns outros recipientes, às vezes as palavras podem contaminar seu conteúdo. Uma palavra como "mérito", por exemplo, tem muitos significados. O resultado é que este vocábulo contaminou diversas discussões sobre políticas sociais tanto ao ser usado por defensores quanto por críticos da visão de justiça social.

Mérito

Os críticos dos grupos preferenciais, como a ação afirmativa para a contratação de pessoas ou a admissão em faculdades, costumam dizer que cada indivíduo deve ser julgado pelo próprio *mérito*. Na maioria dos casos, a palavra "mérito", nesse contexto, parece significar habilidades individuais que são relevantes para determinado esforço. Nesse sentido, o mérito é simplesmente uma questão factual, e a validade da resposta depende da validade preditiva dos critérios usados para comparar as habilidades dos diferentes candidatos.

Outras pessoas, entretanto, incluindo os defensores da justiça social, consideram o conceito de mérito não apenas uma questão factual, como também *moral*. Já no século XVIII, William Godwin, um defensor da justiça social, estava preocupado não só com resultados desiguais, mas especialmente com a "vantagem injusta".[16] O pioneiro socialista fabiano do século XX, George Bernard Shaw, também disse que "enormes fortunas são feitas sem o menor mérito".[17] Ele observou que tanto pessoas com boa formação quanto pessoas mais pobres "consideram homens de negócios bem-sucedidos, inferiores a eles em conhecimento, talento, caráter e espírito público, ganhando rendas muito maiores".[18]

Nesse caso, o mérito não é mais apenas uma questão factual sobre quem tem as habilidades específicas relevantes para o sucesso em determinado esforço. Agora há, também, uma questão *moral* sobre como essas habilidades foram adquiridas — se elas foram resultado de algum esforço pessoal específico ou se foram apenas uma "vantagem injusta", talvez devido ao fato de ter nascido em circunstâncias excepcionalmente mais favoráveis do que as circunstâncias da maioria das outras pessoas.

Nesse sentido, o mérito com uma dimensão moral levanta questões muito diferentes, que podem ter resultados também muito diferentes. As pessoas nascidas em determinadas famílias ou comunidades alemãs *merecem* herdar os benefícios do conhecimento, da experiência e das percepções derivadas de mais de mil anos de produção de cerveja pelos alemães? É claro que não! É um ganho inesperado. Mas, com a mesma clareza, a posse desse valioso conhecimento é um fato da vida atual, quer gostemos ou não. Esse tipo de situação também não é exclusivo dos alemães ou da cerveja.

Acontece que o primeiro negro norte-americano a se tornar general da Força Aérea dos EUA — o General Benjamin O. Davis Jr. — era filho do primeiro negro norte-americano a se tornar general do Exército dos EUA, o General Benjamin O. Davis. Será que outros norte-americanos negros — ou brancos, aliás — tiveram a mesma vantagem de crescer em uma família militar, aprendendo automaticamente, desde a infância, sobre os diversos aspectos de uma carreira como oficial militar sênior?

Essa situação também não era exclusiva. Um dos generais norte-americanos mais famosos da Segunda Guerra Mundial — e um dos mais famosos da história militar norte-americana — foi o General Douglas MacArthur. Seu pai foi um jovem oficial comandante na Guerra Civil e seu desempenho no campo de batalha lhe rendeu a Medalha de Honra do Congresso. Ele encerrou sua longa carreira militar como general.

Nada disso é exclusivo do setor militar. Na Liga Nacional de Futebol Americano, o quarterback Archie Manning teve uma carreira longa e notável, na qual lançou mais de cem passes para touchdown.[19] Seus filhos — Peyton e Eli Manning — também tiveram carreiras longas e notáveis como quarterbacks da NFL, o que, no caso deles, incluiu a conquista de Super Bowls. Será que outros quarterbacks, por não terem um pai que também foi quarterback da NFL, tiveram chances iguais? Provavelmente não. Mas será que os fãs de futebol americano prefeririam assistir a outros quarterbacks que não fossem tão bons, mas que tivessem sido escolhidos para promover a justiça social?

As vantagens que algumas pessoas têm, em determinado esforço, não são apenas desvantagens para todas as outras pessoas. Essas vantagens também beneficiam todos que pagam pelo produto ou serviço fornecido por meio desse esforço. *Não* se trata de uma situação de soma zero. O benefício mútuo é a única maneira pela qual o esforço consegue continuar existindo em um mercado competitivo, com um grande número de pessoas livres para decidir pelo que estão dispostas a pagar. Os perdedores são um número muito menor de pessoas que queriam fornecer o mesmo produto ou serviço. Mas eles não conseguiam se equiparar ao que os fabricantes bem-sucedidos ofereciam, independentemente do fato de o sucesso dos vencedores se dever a habilidades desenvolvidas com grande sacrifício ou a habilidades que surgiram simplesmente por estarem no lugar certo e na hora certa.

Quando os produtos tecnológicos se espalharam pelo mundo, tanto seus fabricantes quanto consumidores se beneficiaram. Isso foi uma notícia ruim para os fabricantes de produtos concorrentes, como máquinas de escrever ou calculadoras, que antes eram as ferramentas comumente usadas por engenheiros para fazer cálculos matemáticos. Pequenos dispositivos computadorizados poderiam fazer esses cálculos de maneira mais rápida, mais simples e com uma série muito maior de aplicações. Mas, em uma economia de livre mercado, o progresso baseado em novos avanços inevitavelmente significa algo ruim para aqueles cujos bens ou serviços não são mais os melhores. A "inclusão" demográfica requer a participação de alguns tomadores de decisão substitutos com poderes para ignorar o que os consumidores querem.

Uma situação semelhante acontece nas Forças Armadas. Um país que está no campo de batalha, lutando por sua nação, não pode se dar ao luxo de escolher seus generais com base na representação demográfica — "devem se parecer com norte-americanos" — em vez de ter como critério as habilidades militares, independentemente de como elas foram adquiridas. Não se o país quiser vencer a batalha. Isso é especialmente verdade se o país quiser sair vitorioso sem perder mais soldados do que o necessário. Nesse caso, ele não pode ter no comando generais que não sejam os melhores disponíveis.

Na literatura sobre justiça social, as vantagens injustas tendem a ser tratadas como se fossem *deduções* do bem-estar do restante da população. Mas não existe um valor fixo ou predeterminado de bem-estar, seja ele medido em termos financeiros, de espectadores desfrutando de um esporte ou soldados sobrevivendo a uma batalha. Quando o presidente Barack Obama disse: "Os 10% que estão no topo não recebem mais um terço de nossa renda, agora recebem metade",[20] isso seria claramente uma dedução da renda de outras pessoas *se houvesse uma quantia fixa ou predeterminada da renda total.*

Essa não é uma sutileza incidental. *É muito importante saber se as pessoas ricas estão aumentando ou diminuindo a renda do restante da população.* Essas insinuações representam uma base fraca para uma tomada de decisões sobre uma questão séria. É muito importante que essa questão seja decidida — ou ofuscada — por palavras engenhosas. Em linguagem simples: será que a renda do norte-americano médio é maior ou menor em virtude dos produtos criados e vendidos por algum multimilionário?

Novamente, não há uma quantia total fixa ou predeterminada de renda ou riqueza a ser compartilhada. Se algumas pessoas estão gerando mais riqueza do que estão recebendo como renda, então elas *não* estão deixando outras pessoas mais pobres. Mas, se elas estão criando produtos ou serviços que valem menos do que a renda que recebem, então também está claro que elas *estão* deixando outras pessoas mais pobres. No entanto, embora qualquer pessoa possa cobrar o preço que quiser pelo que estiver vendendo, é improvável que essa pessoa encontre outras que paguem mais do que o valor do produto ou do serviço para si mesmas.

Argumentar como se a alta renda de algumas pessoas fosse deduzida de alguma renda total fixa ou predeterminada — deixando menos para outras — pode ser inteligente. Mas esperteza não é sabedoria, e insinuações engenhosas não substituem evidências factuais, *se* seu objetivo for conhecer os fatos. Porém, se seu objetivo for político ou ideológico, não há dúvida de que uma das mensagens de maior sucesso político do século XX foi a de que os ricos enriqueceram tirando dos pobres.

A mensagem marxiana de "exploração" ajudou a levar os comunistas ao poder em países de todo o mundo no século XX, em um ritmo e uma escala raramente vistos na história. Claramente, há um mercado político para essa mensagem, e os comunistas são apenas um dos grupos ideológicos que a utilizaram com sucesso para os próprios fins, apesar de quão desastroso isso acabou sendo para milhões de outros seres humanos que vivem sob ditaduras comunistas.

A própria possibilidade de que os norte-americanos pobres, por exemplo, desfrutem de um padrão de vida cada vez mais alto *devido ao progresso gerado por pessoas que estão ficando ricas* — conforme sugerido por Herman Kahn[21] — seria um anátema para os defensores da justiça social. Mas não é, de forma alguma, óbvio que os testes empíricos dessa hipótese explicariam aqueles que defendem a justiça social. Parece ainda menos provável que os defensores da justiça social colocariam essa hipótese em um teste empírico.

Para as pessoas que buscam fatos em vez de objetivos políticos ou ideológicos, há muitos testes factuais que podem ser aplicados para verificar se a riqueza dos ricos é derivada da pobreza dos pobres. Uma maneira seria verificar se os países com muitos bilionários — absoluta ou relativamente ao tamanho da população — têm padrões de vida mais altos ou mais baixos entre o restante de sua população. Os Estados Unidos, por exemplo, têm mais bilionários do que em todo o continente africano mais o Oriente Médio.[22] Mas mesmo os norte-americanos que vivem em condições oficialmente definidas como pobreza geralmente têm um padrão de vida mais alto do que o da maioria das pessoas na África e no Oriente Médio.

Outros testes factuais podem incluir a análise da história de minorias étnicas prósperas, que, muitas vezes, foram retratadas como "exploradoras" em diversas épocas e lugares ao longo dos anos. Essas minorias foram, em muitos casos, expulsas pelos governos ou de determinadas cidades ou países em virtude da violência das multidões, ou ambas as coisas. Isso aconteceu com os judeus diversas vezes ao longo dos séculos em muitas partes da Europa.[23] Os chineses estrangeiros tiveram experiências semelhantes em muitos países do sudeste asiático.[24] O mesmo aconteceu com os indianos e os paquistaneses expulsos de Uganda, no leste da África,[25] e com os agiotas Chettiar na Birmânia, depois que as leis desse país confiscaram grande parte de suas propriedades, em 1948, e expulsaram muitos deles de lá.[26]

A economia de Uganda entrou em colapso na década de 1970, depois que o governo expulsou os empresários asiáticos,[27] que supostamente estavam piorando a situação econômica dos africanos. As taxas de juros na Birmânia *aumentaram* em vez de diminuir depois que os Chettiars foram embora.[28] A história foi muito parecida nas Filipinas, onde 23 mil chineses vindos do exterior foram massacrados no século XVII; depois disso, houve uma escassez dos produtos fabricados pelos chineses.[29]

Nos séculos passados, não era incomum que os judeus na Europa fossem expulsos, denunciados como "exploradores" e "sugadores de sangue", de diversas cidades e países — sendo forçados a sair por meio de decreto do governo ou em virtude da violência das multidões, ou por ambas as coisas. O que é notável é a frequência com que os judeus, nos anos posteriores, foram *convidados a voltar* a alguns dos lugares de onde haviam sido expulsos.[30]

Aparentemente, certas localidades de onde foram expulsos descobriram que o país se encontravam em uma situação econômica muito pior depois que os judeus foram embora.

Embora Catarina, a Grande, tenha proibido os judeus de imigrarem para a Rússia, em seus esforços posteriores para atrair as habilidades estrangeiras da Europa Ocidental tão necessárias, incluindo "alguns comerciantes", ela escreveu para um de seus funcionários que as pessoas que se encaixavam nas funções que estavam sendo requisitadas deveriam receber passaportes para a Rússia, "sem mencionar sua nacionalidade nem perguntar sobre sua confissão". Ao texto formal dessa mensagem em russo, ela acrescentou um pós-escrito em alemão, dizendo: "Se você não me entender, não será minha culpa" e "mantenha tudo isso em segredo".[31]

Na esteira dessa mensagem, os judeus começaram a ser recrutados como imigrantes para a Rússia, embora, conforme observou um historiador, "durante toda a transação, qualquer referência ao judaísmo tenha sido escrupulosamente evitada".[32] Resumindo, até mesmo governantes despóticos podem tentar fugir das próprias políticas quando é antipolítico revogá-las e contraproducente segui-las.

Esses eventos históricos não são, de forma alguma, os únicos testes factuais que poderiam ser usados para determinar se pessoas mais prósperas estão deixando outras menos prósperas. Tampouco são necessariamente os melhores testes factuais. Mas o ponto muito mais importante é que uma visão social predominante não precisa produzir *nenhum* teste factual, quando a retórica e a repetição podem ser suficientes para atingir seus objetivos, especialmente quando visões alternativas podem ser ignoradas e/ou suprimidas. Essa supressão é um fator fundamental — e ela já é um fator grande e cada vez maior nas instituições acadêmicas, políticas, entre outras, na atualidade.

Nos dias atuais, mesmo nas instituições de ensino de grande prestígio em todos os níveis, é possível ir literalmente do jardim de infância ao doutorado sem nunca ter lido um único artigo — muito menos um livro — de um autor que defende economias de livre mercado ou que critica as leis de controle de armas. A questão não é se você concordaria ou discordaria deles, se lesse o que eles escreveram. A questão muito maior é por que o ensino tem se tornado uma doutrinação com tanta frequência — e para o benefício de quem.

A questão não é nem mesmo se o que está sendo doutrinado é verdadeiro ou falso. Mesmo que presumíssemos, para fins de argumentação, que tudo o que os alunos estão sendo doutrinados hoje é verdade, essas questões atuais não são, necessariamente, as mesmas que provavelmente surgirão durante o meio século ou mais de vida que a maioria dos alunos tem pela frente após concluírem seus estudos. De que lhes adiantaria, então, ter as respostas certas para as perguntas de ontem?

Portanto, para resolver as novas questões polêmicas, eles precisarão de uma educação que os tenha equipado com as habilidades intelectuais, o conhecimento e a experiência para confrontar e analisar pontos de vista contrários — e submeter esses pontos de vista a um escrutínio e a uma análise sistemática. Isso é exatamente o que eles *não* recebem ao serem doutrinados com qualquer coisa que esteja em voga atualmente.

Essa “educação” prepara gerações inteiras para se tornarem presas fáceis de qualquer demagogo esperto que apareça, com uma retórica inebriante capaz de manipular as emoções das pessoas. Como há tempos John Stuart Mill colocou a questão:

> Aquele que conhece apenas o próprio lado do caso sabe pouco sobre o caso... Tampouco é suficiente que ele ouça os argumentos dos adversários dos próprios professores, apresentados da forma como eles os apresentam e acompanhados do que eles oferecem como refutação. Essa não é a maneira de fazer justiça aos argumentos ou de colocá-los em contato real com sua mente. Ele deve ser capaz de ouvi-los de pessoas que realmente acreditam neles, que os defendem com sinceridade e fazem o máximo por eles. Deve conhecê-los em sua forma mais plausível e persuasiva...[33]

O que Mill descreveu é exatamente o que a maioria dos alunos *não* recebe atualmente, mesmo dentro das instituições educacionais de maior prestígio. É muito mais provável que eles recebam conclusões predefinidas, protegidas contra a intrusão de outras ideias — ou de fatos inconsistentes com as narrativas predominantes.

Nas narrativas predominantes de nossa época, a boa sorte de outra pessoa é sua má sorte — e um “problema” a ser “resolvido”. Mas quando alguém, mesmo que de maneira injusta, adquire qualquer conhecimento e percepção que podem ser usados para criar um produto que permite que bilhões de pessoas em todo o mundo usem computadores — sem saber nada sobre as especificidades da ciência da computação —, esse é um produto que pode, ao longo dos anos, acrescentar trilhões de dólares de riqueza à oferta mundial existente. Se o fabricante desse produto se tornar multibilionário ao vendê-lo a esses bilhões de pessoas, isso não as deixará mais pobres.

Pessoas como o socialista britânico George Bernard Shaw podem lamentar que o fabricante desse produto não tenha as credenciais acadêmicas ou as virtudes pessoais que Shaw parece atribuir a si mesmo e a outras pessoas como ele. Mas não é por isso que os compradores do produto computadorizado estão pagando com o próprio dinheiro. Tampouco é óbvio por que as lamentações de um terceiro devem afetar transações que não lhe causam nenhum dano. O histórico geral de isenções de terceiros também não é animador.

Nada disso sugere que as empresas nunca tenham feito nada de errado. A santidade não é a regra nos negócios, assim como não é na política, na mídia ou nos campi acadêmicos. É por isso que são feitas as leis. Mas isso não é motivo para criar leis cada vez mais numerosas e abrangentes, a fim de colocar cada vez mais poder nas mãos de pessoas que não pagam nenhum preço por estarem erradas, independentemente do alto preço pago por outras que estão sujeitos ao seu poder.

Palavras escorregadias como "mérito" — com significados múltiplos e conflitantes — podem dificultar a compreensão clara dos problemas, e muito menos a solução deles.

Racismo

A palavra "racismo" talvez seja a mais poderosa no vocabulário da justiça social. Não há dúvida de que o racismo infligiu uma enorme quantidade de sofrimento desnecessário a pessoas inocentes, marcado por horrores indescritíveis, como o Holocausto.

O racismo pode ser comparado a uma doença pandêmica mortal. Nesse caso, talvez valha a pena considerar as consequências de reagir às pandemias de maneiras diferentes. Certamente não podemos simplesmente ignorar a doença e esperar pelo melhor. Mas não podemos ir ao extremo oposto e sacrificar todas as outras preocupações — inclusive outras doenças mortais — na esperança de reduzir as fatalidades da pandemia. Durante o surto de covid-19, por exemplo, as taxas de mortalidade por *outras* doenças aumentaram,[34] porque muitas pessoas temiam ir a hospitais e clínicas, onde poderiam pegar covid-19 de outros pacientes.

Até mesmo as pandemias mais terríveis são capazes de diminuir ou acabar. A constante preocupação com a doença pandêmica pode, em algum momento, causar mais perigos e mortes por outras doenças, além de outros estresses diários, resultantes das diversas restrições que podem ter feito sentido quando a pandemia estava em pleno vigor, mas que, depois, no balanço líquido, são contraproducentes.

Tudo depende de quais são os fatos específicos em determinado momento e lugar. Nem sempre é fácil identificar isso. Pode ser especialmente difícil identificar quando os interesses específicos se beneficiaram política ou financeiramente das restrições da pandemia e, portanto, têm todos os incentivos para promover a crença de que essas restrições ainda são urgentemente necessárias.

Da mesma forma, pode ser especialmente difícil saber sobre a incidência e as consequências atuais do racismo, uma vez que os racistas não se identificam publicamente. Além disso, as pessoas que têm incentivos para maximizar os temores do racismo incluem políticos que buscam ganhar votos por meio da alegação de que oferecerão proteção contra racistas ou líderes de movimentos de protesto relacionados à raça que podem usar os temores dos racistas para atrair mais seguidores, doações e poder.

Nenhuma pessoa sã acredita que o racismo seja zero na sociedade norte-americana ou em qualquer outra. Nesse ponto, vale a pena lembrar o que Edmund Burke disse no século XVIII: "Preservando meus princípios inabaláveis, reservo minha atividade para esforços racionais."[35] Nossos princípios podem rejeitar completamente o racismo. Mas nenhuma minoria racial, nem qualquer outra pessoa tem tempo, energia ou recursos ilimitados para investir na busca de todos os vestígios possíveis de racismo — ou para investir na atividade ainda menos promissora de tentar esclarecer moralmente os racistas.

Mesmo que, por algum milagre, pudéssemos alcançar o racismo zero, já sabemos, por meio da história dos caipiras norte-americanos — que são fisicamente indistinguíveis de outros brancos e, portanto, enfrentam racismo zero — que mesmo isso não é suficiente para evitar a pobreza. Enquanto isso, as famílias de casais negros, que *não* estão isentas de sofrer racismo, têm apresentado taxas de pobreza de apenas um dígito todos os anos, por mais de um quarto de século.[36] Também sabemos que os racistas da atualidade não podem impedir os jovens negros de se tornarem pilotos, ou mesmo generais, da Força Aérea, nem milionários, bilionários ou até presidente dos Estados Unidos.

Assim como precisamos reconhecer quando a força de uma pandemia ao menos diminuiu, a fim de que pudéssemos utilizar mais de nosso tempo, energia e recursos limitados contra outros perigos, também precisamos prestar mais atenção a outras ameaças além do racismo. Isso é especialmente importante para a geração mais jovem, que precisa lidar com os problemas e os perigos que, de fato, enfrenta, em vez de focar problemas e perigos das gerações anteriores. *Se, no mundo atual, os racistas não conseguem impedir que os jovens das minorias se tornem pilotos, os sindicatos de professores podem* — ao lhes negar uma educação decente, em escolas cujas principais prioridades são a segurança do emprego deles próprios e os bilhões de dólares em contribuições para seus sindicatos.[37]

Isso não é certo, de forma alguma, se os inimigos das minorias norte-americanas são capazes de lhes causar tantos danos quanto seus supostos "amigos" e "benfeitores". Já falamos sobre alguns dos prejuízos causados pelas leis de salário mínimo, ao negar aos adolescentes negros a opção de aceitar trabalhos que os empregadores estão dispostos a oferecer, com salários que eles estão dispostos a aceitar, apenas porque terceiros, que não são afetados por essa decisão, acreditam que entendem a situação melhor do que todas as pessoas diretamente envolvidas.

Outro "benefício" para as minorias, daqueles que têm a visão e a agenda da justiça social, é a "ação afirmativa". Essa é uma questão frequentemente discutida em termos do prejuízo causado às pessoas que teriam conseguido determinados empregos, admissões em faculdades ou outros benefícios, se estes tivessem sido concedidos com base em qualificações, em vez de representação demográfica. Mas o prejuízo causado aos supostos beneficiários também precisa ser compreendido — e este pode ser ainda pior.

Essa possibilidade precisa ser analisada, principalmente porque vai por inteira contra a agenda de justiça social predominante e sua narrativa sobre as fontes do progresso dos negros norte-americanos. Nessa narrativa, a saída dos negros da pobreza se deve às leis de direitos civis e às políticas de bem-estar social da década de 1960, incluindo a ação afirmativa. Já deveria ter sido realizado, há muito tempo, um teste empírico dessa narrativa.

Ação Afirmativa

Na narrativa predominante sobre o progresso socioeconômico dos negros norte-americanos, foram citados dados estatísticos que mostram o declínio das proporções da população negra que vivia na pobreza após a década de 1960 e o aumento das proporções da população negra empregada em ocupações profissionais, além do aumento da renda. Mas a escolha arbitrária do ano a ser selecionado como início da avaliação estatística, assim como em muitas outras declarações sobre tendências estatísticas ao longo do tempo, pode ser fundamental para determinar a validade das conclusões.

Se os dados estatísticos sobre a taxa anual de pobreza entre os negros norte-americanos fossem apresentados a partir de 1940, ou seja, 20 anos *antes* da criação das leis de direitos civis e da expansão das políticas de bem-estar social da década de 1960, as conclusões seriam muito diferentes.

Esses dados mostram que a taxa de pobreza entre os negros caiu de 87%, em 1940, para 47% nas duas décadas seguintes[38], ou seja, *antes* das principais leis de direitos civis e políticas de bem-estar social da década de 1960 serem criadas. Essa tendência continuou após a década de 1960, mas não teve origem nessa época e não sofreu uma aceleração. A taxa de pobreza entre os negros caiu mais 17 pontos, indo para 30% em 1970 — uma taxa apenas ligeiramente inferior à taxa das duas décadas anteriores, mas certamente não superior. A taxa de pobreza dos negros caiu mais uma vez durante a década de 1970, foi de 30%, em 1970, para 29%, em 1980.[39] Esse declínio de um ponto percentual foi claramente muito menor do que nas três décadas anteriores.

Onde a ação afirmativa se encaixa nessa história? O primeiro uso da expressão "ação afirmativa" em uma ordem executiva presidencial foi feito pelo presidente John F. Kennedy em 1961. Essa ordem dizia que os empreiteiros federais deveriam "tomar medidas afirmativas para garantir que os candidatos ao emprego sejam contratados e que, durante sua permanência no emprego, os funcionários sejam tratados desconsiderando raça, credo, cor ou origem nacional".[40] Ou seja, naquele momento, ação afirmativa significava oportunidades iguais para indivíduos, *não* resultados iguais para grupos. Ordens executivas posteriores dos presidentes Lyndon B. Johnson e Richard Nixon tornaram os resultados numéricos de grupos o teste da ação afirmativa na década de 1970.

Agora que a ação afirmativa foi transformada de oportunidades individuais iguais para resultados de grupo equiparados, muitas pessoas viram isso como uma política mais benéfica para os negros e outros grupos raciais ou étnicos de baixa renda aos quais esse princípio se aplicava. De fato, era amplamente considerado um axioma que isso promoveria melhor seu progresso em muitas áreas. Mas o declínio de um ponto percentual na pobreza negra durante a década de 1970, depois que a ação afirmativa significou preferências ou cotas a um grupo, contraria completamente a narrativa predominante.

Ao longo dos anos, enquanto surgiam controvérsias sobre a ação afirmativa como preferências de grupo, a narrativa predominante defendia tal ação como uma importante contribuição para o progresso dos negros. No entanto, assim como aconteceu com muitas outras questões controversas, um consenso de opinião da elite foi amplamente aceito, com pouco recurso a grandes quantidades de evidências empíricas em sentido contrário. O autor de best-sellers Shelby Steele, cujos livros incisivos exploraram os fundamentos e incentivos por trás do apoio a políticas sociais fracassadas,[41] citou um encontro que teve com um homem que havia sido funcionário do governo envolvido nas políticas da década de 1960:

> "Veja bem", disse ele irritado, "*somente* — e eu quero dizer *somente* — o governo pode chegar a esse tipo de pobreza, a essa pobreza profunda e arraigada. E não me importo com o que você diz. Se este país fosse decente, deixaria o governo tentar novamente".[42]

A tentativa do professor Steele de se concentrar em fatos sobre as consequências reais de diversos programas governamentais da década de 1960 provocou uma resposta acalorada:

> "Droga, nós *salvamos* este país!", ele quase gritou. "Este país estava prestes a explodir. Houve tumultos por toda parte. Você pode ficar aí agora, em retrospectiva, e criticar, mas tivemos que manter o país unido, meu amigo."[43]

Do ponto de vista factual, esse ex-funcionário estava completamente errado na sequência. E ele não foi o único a fazer isso. Os tumultos em massa nos guetos de todo o país começaram *durante* o governo de Lyndon Johnson, em uma escala nunca vista antes.[44] Os tumultos diminuíram após o término desse governo, e seus programas de "guerra contra a pobreza" foram repudiados pelo governo seguinte. Ainda mais tarde, durante os oito anos do governo Reagan, que rejeitou toda essa abordagem, não houve ondas de revoltas em massa.

É claro que os políticos têm todo o incentivo para retratar o progresso dos negros como algo pelo qual eles podem receber o crédito. O mesmo acontece com os defensores da justiça social, que apoiaram essas políticas. Mas essa narrativa permite que alguns críticos reclamem que os negros deveriam sair da pobreza por conta própria, assim como outros grupos fizeram. No entanto, os fatos concretos demonstram que foi isso que os negros fizeram, em grande parte, durante décadas em que ainda não tinham oportunidades iguais, muito menos preferências de grupo.

No decorrer dessas décadas, nem o governo federal, a mídia, ou as elites intelectuais deram aos negros a mesma atenção que deram a partir da década de 1960. Já a atenção dada a essas pessoas por governos dos estados do Sul durante os períodos de 1940 e 1950 foi em grande parte negativa, de acordo com as leis e políticas racialmente discriminatórias da época.

Entre as maneiras pelas quais muitos negros saíram da pobreza nas décadas de 1940 e 1950 estava a migração para fora dos estados do Sul, obtendo melhores oportunidades de trabalho para os adultos e melhor educação para seus filhos.[45] A Lei dos Direitos Civis de 1964 foi um fator importante e tardio para acabar com a negação dos direitos constitucionais básicos aos negros no Sul.[46] Mas não faz sentido tentar fazer disso outra principal maneira por meio da qual os negros sairão da pobreza. A taxa de ascensão dos negros nas profissões mais do que dobrou de 1954 a 1964[47], ou seja, *antes* da histórica Lei dos Direitos Civis de 1964. A esquerda política também não pode agir como se essa lei de 1964 fosse obra exclusivamente sua. O *Congressional Record* mostra que uma porcentagem maior de republicanos do que de democratas votou a favor dessa lei.[48]

Resumindo, foi principalmente durante essas décadas que os negros norte-americanos conseguiram sair da pobreza, e as causas dessa ascensão eram mais parecidas com as da ascensão de outros grupos de baixa renda nos Estados Unidos e em outros países do mundo. Isto é, esse resultado se deveu, sobretudo, em virtude das decisões individuais de milhões de pessoas comuns, por iniciativa própria, e pouco se deveu a líderes de grupos carismáticos, a programas governamentais, a elites intelectuais ou à publicidade na mídia. É duvidoso que a maioria dos norte-americanos daquela época conhecesse os nomes dos líderes das organizações de direitos civis mais proeminentes da época.

A ação afirmativa nos Estados Unidos, assim como as políticas semelhantes de preferência de grupo em outros países, raramente trouxe muitos benefícios para as pessoas em situação de pobreza.[49] Um adolescente comum de uma comunidade minoritária de baixa renda nos Estados Unidos, que recebeu uma educação muito ruim nesses bairros, provavelmente não conseguirá fazer uso das admissões preferenciais em faculdades de medicina, pois mesmo se formar em uma faculdade comum já seria um grande desafio. Em um país muito mais pobre, como a Índia, pode ser um desafio ainda maior para um jovem da zona rural de uma das "castas programadas", anteriormente conhecidas como "intocáveis".[50]

Tanto nos Estados Unidos quanto em outros países que adotam políticas de grupo preferencial, os benefícios criados para os grupos mais pobres muitas vezes foram desproporcionalmente destinados aos membros mais abastados desses grupos mais pobres[51] — e, por vezes, as pessoas mais abastadas do que o membro considerado médio da sociedade em geral.[52]

A principal premissa da ação afirmativa é que a "sub-representação" do grupo é o problema, e a representação proporcional dos grupos, a solução. Isso poderia fazer sentido se todos os segmentos de uma sociedade tivessem habilidades iguais em todos os tipos de esforços. Mas nem os defensores da justiça social nem ninguém parecem ser capazes de apresentar um exemplo de uma sociedade assim atualmente, ou nos milhares de anos de história registrada. Até mesmo grupos altamente bem-sucedidos raramente têm sido assim em todos os esforços. É raro haver norte-americanos de origens asiática e judaica entre as principais estrelas do esporte ou norte-americanos de origem alemã entre os políticos carismáticos.

No mínimo, vale a pena considerar fatos básicos como o grau em que a ação afirmativa tem sido benéfica ou prejudicial, no balanço líquido, para aqueles a que ela foi destinada — em um mundo em que as habilidades específicas desenvolvidas raramente são iguais, mesmo quando as desigualdades recíprocas são comuns. Um exemplo disso é a prática generalizada de admitir membros de grupos minoritários de baixa renda em faculdades e universidades com requisitos menos rigorosos do que os exigidos de outros alunos.

Essa ação afirmativa nas políticas de admissão em faculdades tem sido amplamente justificada com base no fato de que poucos alunos que estudaram em escolas públicas localizadas em bairros de minorias de baixa renda alcançam a pontuação em testes que, de outra forma, os levaria a ser admitidos em faculdades e universidades de elite. Portanto, existe a crença de que as preferências de grupo nas admissões são uma solução.

Apesar da suposição implícita de que os alunos receberão uma educação melhor em uma instituição mais bem classificada, há sérios motivos para duvidar disso. Os professores tendem a ensinar em um ritmo e nível de complexidade apropriados para os tipos específicos de alunos que estão ensinando. Um aluno totalmente qualificado para ser admitido em muitas faculdades ou universidades de boa qualidade pode, no entanto, ficar sobrecarregado com o ritmo e a complexidade dos cursos ministrados em uma instituição de elite, onde a maioria dos alunos pontua entre os 10% melhores do país — ou, até mesmo, entre os 1% melhores — nas partes que abordam as disciplinas de matemática e gramática do SAT.

Admitir um aluno com pontuação no percentil 80 em uma instituição como essa, pelo fato de ele pertencer a um grupo minoritário, não é nenhum favor. Isso pode transformar alguém totalmente qualificado para o sucesso em um fracasso frustrado. Um aluno inteligente que obteve o percentil 80 em matemática pode achar que o ritmo dos cursos é rápido demais para que ele consiga acompanhar, enquanto as breves explicações do professor sobre princípios complexos podem ser facilmente compreendidas por outros alunos da classe, que obtiveram o percentil 99. É possível que eles já tenham aprendido metade dessa disciplina no ensino médio. A história pode ser muito parecida com a quantidade e a complexidade das leituras atribuídas aos alunos em uma instituição acadêmica de elite.

Nada disso é novidade para as pessoas familiarizadas com as instituições acadêmicas de elite. Mas é possível que muitos jovens de uma comunidade minoritária de baixa renda sejam o primeiro membro da família a ir para uma faculdade. Quando essa pessoa está sendo parabenizada por ter sido aceita em alguma faculdade ou universidade de renome, talvez não perceba os enormes riscos envolvidos nessa situação. Considerando os baixos padrões de ensino da maioria das escolas públicas localizadas em comunidades de minorias de baixa renda, o aluno supostamente sortudo pode ter tirado as melhores notas com facilidade durante o ensino médio e estar prestes a sofrer um choque desagradável quando se deparar com uma situação totalmente diferente na faculdade.

A questão não é se o aluno é qualificado para estar na faculdade, mas se as qualificações específicas desse aluno são compatíveis ou incompatíveis com as dos outros alunos da faculdade ou universidade específica que concede a admissão. Evidências empíricas sugerem que esse pode ser um fator crucial.

No sistema da Universidade da Califórnia, de acordo com as políticas de admissão de ação afirmativa, os alunos negros e hispânicos admitidos no campus de Berkeley, o mais bem classificado, tinham pontuações no SAT um pouco acima da média nacional. Mas os alunos brancos admitidos no mesmo campus tinham pontuações mais de 200 pontos mais altas — e os alunos asiático-americanos tinham pontuações no SAT um pouco mais altas do que os brancos.[53]

Nesse cenário, a maioria dos alunos negros não conseguiu se formar. E, à medida que este número de admitidos aumentou durante a década de 1980, o de formandos, na verdade, diminuiu.[54]

Os eleitores da Califórnia votaram para acabar com as admissões por ação afirmativa no sistema da Universidade da Califórnia (UC). Apesar das previsões terríveis de que haveria uma redução drástica no número de alunos de minorias no sistema da UC, a verdade é que houve muito pouca mudança no número total de alunos de minorias admitidos no sistema como um todo. No entanto, houve uma forte redistribuição de alunos de minorias entre os diferentes campi do estado.

Houve uma redução drástica no número de alunos que foram para os dois campi mais bem classificados da Universidade da

Califórnia — o de Berkeley e o de Los Angeles. Os alunos de minorias agora iam para os campi em que os outros alunos tinham formação acadêmica mais parecida com a deles, conforme medido pelas pontuações dos testes de admissão. Sob essas novas condições, o número de alunos negros e hispânicos que se *formaram* no sistema da Universidade da Califórnia como um todo *aumentou* em mais de mil em um período de quatro anos.[55] Houve, também, um aumento de 63% no número de formandos em quatro anos com uma média de notas de 3,5 ou mais.[56]

Os alunos de minorias que não conseguem se formar de acordo com as políticas de admissão de ação afirmativa não são, de forma alguma, os únicos prejudicados por serem admitidos em instituições voltadas para aqueles com melhor formação educacional pré-universitária. Muitos alunos de minorias que entram na faculdade esperando se formar em áreas desafiadoras como ciência, tecnologia, engenharia ou matemática — chamadas de áreas STEM — são forçados a abandoná-las e se concentrar em áreas de estudo mais fáceis. Depois que a ação afirmativa nas admissões foi proibida no sistema da Universidade da Califórnia, não apenas mais alunos de minorias se formaram, como o número de formandos com diplomas nas áreas STEM aumentou em 51%.[57]

O que é fundamental do ponto de vista da capacidade dos alunos de minorias de sobreviver e prosperar academicamente não é o nível absoluto de suas qualificações educacionais pré-universitárias, conforme medido pelas pontuações nos testes de admissão, mas a *diferença* entre suas pontuações nos testes e as dos outros alunos nas instituições específicas que eles frequentam. Os alunos de minorias que obtiveram uma pontuação muito acima da média dos alunos norte-americanos como um todo nos testes de admissão à faculdade podem, no entanto, ser reprovados ao serem admitidos em instituições onde os outros alunos obtiveram uma pontuação *ainda mais* acima da média dos alunos norte-americanos como um todo.

Os dados do Massachusetts Institute of Technology ilustram essa situação: eles mostraram que os alunos negros tinham pontuações médias de matemática no SAT no percentil 90. Mas, embora esses alunos estivessem entre os 10% melhores norte-americanos nessa disciplina, estavam entre os 10% *piores* do MIT, cujas notas em matemática estavam no percentil 99. O resultado foi que 24% desses alunos negros extremamente bem qualificados não conseguiram se formar no MIT, e aqueles que se formaram estavam concentrados na metade inferior da turma.[58] Na maioria das instituições acadêmicas norte-americanas, esses mesmos alunos negros estariam entre os melhores do campus.

Algumas pessoas podem dizer que mesmo os alunos que estavam concentrados na metade inferior da turma no MIT obtiveram a vantagem de terem estudado em uma das principais instituições de engenharia do mundo. No entanto, isso é uma pressuposição implícita de que os alunos obtêm automaticamente uma educação melhor em uma instituição mais bem classificada. Entretanto, não podemos descartar a possibilidade de que eles possam aprender *menos* quando o ritmo e a complexidade da educação são voltados para alunos com um histórico escolar pré-universitário extraordinariamente forte.

Para testar essa possibilidade, podemos nos voltar para algumas áreas de estudo, como Medicina e Direito, em que há testes independentes de quanto os alunos aprenderam, após a conclusão de sua educação formal. Os formandos dessas faculdades precisam passar nesses testes independentes para obter licença para exercer suas profissões.

Um estudo realizado com cinco faculdades de Medicina administradas pelo Estado constatou que a diferença entre negros e brancos na aprovação no Exame de Licenciamento Médico dos EUA estava correlacionada com a diferença entre negros e brancos no Teste de Admissão para a faculdade de Medicina antes de entrar.

Ou seja, os negros que estudaram em faculdades de Medicina em que havia pouca diferença entre alunos negros e brancos — nas pontuações no teste que os admitiu na faculdade de Medicina — tinham menos diferença entre as raças em suas taxas de aprovação no teste de licenciamento médico anos mais tarde, após se formarem.[59] O sucesso ou o fracasso dos negros nesses testes após a graduação estava mais relacionado ao fato de terem estudado com outros alunos cujas pontuações nos testes de admissão eram semelhantes às deles, em vez de estarem correlacionados à classificação da faculdade de Medicina. Aparentemente, eles aprenderam mais onde *não* foram considerados incompatíveis em virtude das políticas de admissão de ação afirmativa.

Comparando formandos de faculdades de Direito que fizeram o exame independente da Ordem, para obterem licença como advogados, houve resultados semelhantes. O corpo discente da faculdade de Direito da Universidade George Mason como um todo teve pontuações mais altas nos testes de admissão da faculdade de Direito do que as pontuações dos testes de admissão do corpo discente desta faculdade na Universidade Howard, uma instituição predominantemente negra. No entanto, os alunos negros de ambas as instituições tiveram pontuações semelhantes nos testes de admissão à faculdade. O resultado líquido foi que os alunos negros entraram na faculdade de Direito da Universidade George Mason com pontuações nos testes de admissão inferiores às dos outros alunos da faculdade. Mas, aparentemente, não foi isso que aconteceu na Universidade Howard.

Os dados sobre a porcentagem de alunos negros admitidos em cada uma dessas faculdades que se formaram e foram aprovados no exame da Ordem na primeira tentativa mostraram que 30% dos alunos negros da faculdade de Direito da Universidade George Mason conseguiram o mesmo resultado, em comparação com 57% dos alunos negros da mesma faculdade na Universidade Howard.[60] Mais uma vez, os alunos incompatíveis não tiveram o mesmo sucesso que os que não eram. Assim como nos outros exemplos, os alunos que não eram incompatíveis pareciam aprender mais quando inseridos em turmas em que os outros alunos tinham um histórico escolar semelhante ao deles.

Esses poucos exemplos não precisam ser considerados definitivos. Mas eles fornecem dados que muitas outras instituições se recusam a divulgar. Quando o professor Richard H. Sander, da UCLA, procurou obter dados sobre o exame da Ordem dos Advogados da Califórnia, a fim de testar se as políticas de admissão de ação afirmativa colocavam mais ou *menos* advogados negros no mercado, ele foi ameaçado com uma ação judicial, caso a Ordem dos Advogados da Califórnia divulgasse esses dados.[61] E eles não foram divulgados. Esse também não é um padrão incomum. Instituições acadêmicas de todo o país, que proclamam os benefícios da "diversidade" das ações afirmativas, recusam-se a divulgar dados que colocariam essas alegações à prova.[62]

Um estudo que declarou que as políticas de admissão de ação afirmativa eram um sucesso — *The Shape of the River*, de William Bowen e Derek Bok — foi amplamente elogiado pela mídia, mas seus autores se recusaram a permitir que os críticos vissem os dados brutos a partir dos quais eles chegaram a conclusões muito diferentes das conclusões de outros estudos — com base em dados que esses outros autores disponibilizaram.[63] Além disso, outros acadêmicos encontraram muito questões a serem analisadas sobre as conclusões a que chegaram os ex-reitores de universidades, Bowen e Bok.[64]

Quando informações prejudiciais sobre as consequências reais das políticas de admissão de ação afirmativa são reveladas, gerando um escândalo, a resposta raramente é abordar a questão, mas sim chamar a pessoa que revelou os fatos escandalosos de "racista". Essa foi a resposta dada ao professor Bernard Davis, da faculdade de Medicina de Harvard, quando ele disse no *New England Journal of Medicine* que os alunos negros dessa e outras faculdades de Medicina estavam recebendo diplomas "como uma forma de caridade". Ele chamou de "cruel" admitir alunos que provavelmente não atenderiam aos padrões da faculdade de Medicina e ainda mais cruel "abandonar esses padrões e permitir que os pacientes que confiam neles paguem por nossa irresponsabilidade".[65]

Embora o professor Davis tenha sido chamado de "racista", o economista negro Walter E. Williams havia tomado conhecimento disso em outros lugares[66] e tinha uma carta particular de um funcionário da faculdade de Medicina de Harvard, escrita alguns anos antes, de que esse tipo de coisa estava sendo proposto.[67]

Da mesma forma, quando um aluno da Universidade de Georgetown revelou dados que mostravam que a pontuação média com a qual os alunos negros eram admitidos na faculdade de Direito era menor do que a pontuação do teste com a qual qualquer aluno branco era admitido, a resposta foi chamá-lo de "racista", em vez de se concentrar na questão séria levantada por meio dessa revelação.[68] Essa pontuação mediana, aliás, estava no percentil 70, portanto não se tratava de alunos "desqualificados", mas de alunos que provavelmente teriam mais chances de obter sucesso em outras faculdades de Direito e, depois, de passar no exame da Ordem para se tornarem advogados quando precisassem.

Ser reprovado em uma instituição de elite não traz nenhum benefício para o aluno. Mas a persistência com que as instituições acadêmicas resistem veementemente a qualquer coisa que possa forçá-las a abandonar as práticas de admissão contraproducentes sugere que essas práticas podem estar fazendo bem a alguém. Mesmo depois que os eleitores da Califórnia votaram pelo fim das práticas de admissão por ação afirmativa no sistema da Universidade da Califórnia, isso levou a esforços contínuos para contornar essa proibição.[69] Por quê? De que adianta ter uma presença visível de alunos de minorias no campus se a maioria deles não consegue se formar?

Uma pista pode ser o que muitas faculdades têm feito há tempos com suas equipes esportivas de basquete e futebol, que podem gerar milhões de dólares em esportes que são classificados como "amadores". Alguns treinadores de futebol universitário bem-sucedidos têm uma renda superior à dos reitores de suas faculdades ou universidades. Mas os atletas de suas equipes não recebem nada[70] por passarem anos proporcionando entretenimento para outras pessoas, correndo o risco de sofrer lesões — e um talvez maior e mais duradouro para seu caráter, por passarem anos fingindo estar recebendo uma educação, quando muitos estão apenas fazendo o suficiente para manter sua vaga no time. Uma porcentagem extremamente pequena de atletas universitários de basquete e futebol segue carreira nos esportes profissionais.

Um número desproporcional de estrelas do basquete e do futebol universitário é negro[71] — e as instituições acadêmicas não hesitaram em usá-los indevidamente dessa maneira. Portanto, não precisamos questionar se essas instituições acadêmicas são moralmente capazes de trazer jovens de minorias para o campus, a fim de atender aos interesses da própria instituição. Também não precisamos duvidar dos talentos verbais dos acadêmicos para a racionalização, seja tentando convencer os outros ou a si mesmos.[72]

A questão factual é simplesmente se há interesses institucionais sendo atendidos por ter uma representação demográfica visível de alunos de minorias no campus, quer esses alunos recebam instrução e se formem ou não. As centenas de milhões de dólares de verbas federais que entram anualmente em uma instituição acadêmica podem ser colocadas em risco se houver uma grave "sub-representação" das minorias étnicas entre os alunos, uma vez que isso aumenta a perspectiva de que essa sub-representação seja equiparada à discriminação racial. Essa questão pode representar uma ameaça legal a grandes quantias de dinheiro vindas do governo.

Essa também não é a única pressão externa sobre as instituições acadêmicas para que continuem com as políticas de admissão de ação afirmativa que são prejudiciais aos próprios grupos que supostamente estão sendo favorecidos. A faculdade de Direito da Universidade George Mason foi ameaçada de perder seu credenciamento se não continuasse a admitir alunos de minorias que não tivessem qualificações tão altas quanto as de outros alunos, embora os dados mostrassem que isso não era do interesse dos próprios alunos de minorias.[73] A falácia dominante da justiça social, de que as disparidades estatísticas na representação de grupos significam discriminação racial tem um impacto enorme. Os alunos de minorias no campus são como escudos humanos usados para proteger os interesses da instituição — e as baixas entre os escudos humanos podem ser muito altas.

Diversas políticas sociais ajudam alguns grupos e prejudicam outros. A ação afirmativa no meio acadêmico consegue causar prejuízo tanto aos alunos que não foram admitidos, apesar de suas qualificações, como também a muitos dos alunos que foram admitidos em instituições onde tinham maior probabilidade de fracassar, mesmo quando eram totalmente qualificados para ter sucesso em outras instituições.

O interesse econômico próprio não é, de forma alguma, o único fator que leva alguns indivíduos e algumas instituições a persistirem em políticas de admissão de ação afirmativa comprovadamente contraproducentes. As pessoas que não estão pagando nenhum preço por estarem erradas e que poderiam pagar um preço muito alto — pessoal e socialmente — por romperem com a causa e perderem tanto uma visão quanto um lugar estimado entre as elites não deixam de seguir os movimentos ideológicos imediatamente. Há pouquíssimas pessoas dispostas a reconhecer fatos que contradizem a narrativa predominante, da mesma forma como acontece com os deterministas genéticos e os defensores da "educação sexual".

Mesmo quando há boas notícias sobre pessoas que os tomadores de decisão substitutos por suposição estão ajudando, raramente elas recebem muita atenção se os bons resultados foram obtidos independentemente dos tomadores de decisão substitutos. Por exemplo, o fato de que a maior parte da ascensão dos negros fora da pobreza ocorreu nas décadas *anteriores* aos programas sociais governamentais em massa dos anos 1960, antes da proliferação de "líderes" carismáticos e antes da atenção generalizada da mídia, esporadicamente foi mencionado na narrativa de justiça social predominante.

Também não foi dada muita atenção ao fato de que as taxas de homicídios entre homens não brancos na década de 1940 (que eram, em sua maioria, homens negros naqueles anos) *caíram* 18% naquela década, seguidas por mais um declínio de 22% na década de 1950. De repente, isso se inverteu na década de 1960,[74] quando as leis criminais foram enfraquecidas, em meio a palavras de ordem como "causas básicas" e "reabilitação". Talvez o contraste mais dramático — e mais consequente — entre o progresso dos negros antes da década de 1960 e as tendências negativas na era pós-1960 foi que a proporção de crianças negras nascidas de mulheres solteiras *quadruplicou* de pouco menos de 17%, em 1940, para pouco mais de 68% no final do século.[75]

As elites intelectuais, os políticos, os ativistas e os "líderes" — que levaram o crédito pelo progresso dos negros que, supostamente, começou na década de 1960 — não assumiram nenhuma responsabilidade pelos retrocessos dolorosos que comprovadamente começaram na década de 1960.

Esses padrões não são exclusivos dos negros ou dos Estados Unidos. As políticas de preferência de grupo em outros países fizeram pouco pelas pessoas em situação de pobreza, assim como a ação afirmativa fez pouco pelos negros norte-americanos em situação de pobreza. Os benefícios do tratamento preferencial na Índia, na Malásia e no Sri Lanka, por exemplo, tenderam a ir principalmente para as pessoas mais afortunadas dos grupos de baixa renda nesses países,[76] tal como nos Estados Unidos.[77]

IMPLICAÇÕES

Onde, fundamentalmente, a visão de justiça social errou? Decerto não na esperança de um mundo melhor do que o que vemos ao nosso redor atualmente, com amplos recursos para obter resultados melhores e tantas pessoas sofrendo sem necessidade. Mas a realidade dolorosa é que nenhum ser humano tem a vasta gama de conhecimento consequente ou o poder esmagador necessário para tornar o ideal de justiça social uma realidade. Algumas sociedades abastadas viram a união de fatores favoráveis suficientes para gerar prosperidade básica e decência comum entre pessoas livres. No entanto, para muitos defensores da justiça social, isso não é suficiente.

As elites intelectuais podem imaginar que têm todo o conhecimento necessário para criar o mundo de justiça social que almejam, apesar das consideráveis evidências em contrário. Mas, mesmo que de alguma forma elas conseguissem lidar com o problema do conhecimento, ainda resta o de ter poder suficiente para fazer tudo o que precisa ser feito. Esse não é um problema só das elites intelectuais. É ainda maior — e um perigo —para as pessoas que podem lhes dar esse poder.

A história das ditaduras totalitárias que surgiram no século XX e que foram responsáveis pela morte de milhões de pessoas em tempos de paz deveria servir como um aviso urgente contra a colocação de muito poder nas mãos de qualquer ser humano. O fato de alguns desses regimes desastrosos terem sido estabelecidos com a ajuda de muitas pessoas sinceras e sérias, que buscavam ideais elevados e uma vida melhor para os menos afortunados, deveria servir como um aviso especialmente relevante para as pessoas que buscam a justiça social, ignorando os perigos.

É difícil pensar em qualquer poder exercido por seres humanos sobre os outros que não tenha sido utilizado de maneira abusiva. No entanto, precisamos ter leis e governos, pois uma anarquia é pior. Mas não podemos simplesmente continuar entregando cada vez mais nossas liberdades a políticos, burocratas e juízes — que é o que basicamente constitui os governos eleitos — em troca de uma retórica plausível que não nos damos ao trabalho de submeter ao teste dos fatos.

Entre os muitos fatos que precisam ser verificados, está o histórico real das elites intelectuais em movimento, que buscam influenciar as políticas públicas e moldar as instituições de seu país, em uma série de questões que vão desde a justiça social até as políticas externas e os conflitos militares.

No que diz respeito às questões de justiça social em geral e à situação dos pobres em particular, as elites intelectuais que estabeleceram uma ampla variedade de políticas — que eles alegam ajudar os pobres — demonstraram uma grande relutância em submeter as consequências reais dessas políticas a qualquer teste empírico. Muitas vezes, essas pessoas são hostis com outras que testaram empiricamente essas políticas. Nos casos em que os defensores da justiça social tiveram o poder de fazer isso, muitas vezes bloquearam o acesso aos dados procurados por acadêmicos que queriam fazer testes empíricos sobre as consequências de políticas como as de ação afirmativa para a admissão em universidades e faculdades.

Talvez o mais surpreendente de tudo isso seja o fato de muitos defensores da justiça social terem demonstrado pouco ou nenhum interesse em exemplos notáveis de progresso dos pobres, quando esse progresso não se baseou nos tipos de políticas promovidas em nome da justiça social. O impressionante progresso alcançado pelos negros norte-americanos nas décadas *anteriores* a 1960 foi amplamente ignorado. O mesmo aconteceu com o *prejuízo* comprovado sofrido pelos negros norte-americanos *após* as políticas de justiça social da década de 1960. Estas incluíram uma reversão acentuada do declínio da taxa de homicídios e a quadruplicação da proporção de crianças negras nascidas de mulheres solteiras. As políticas governamentais fizeram com que os pais se tornassem um fator negativo para as mães que buscavam benefícios sociais.

Os defensores da justiça social que criticam as escolas públicas de ensino médio de elite da cidade de Nova York — que exigem teste de admissão — não prestam atenção ao fato de que a admissão de alunos negros nessas escolas era muito maior no passado, *antes* das escolas de ensino fundamental e médio das comunidades negras terem sido arruinadas pelos tipos de políticas de favorecimento elaboradas pelos defensores da justiça social. Em 1938, a proporção de alunos negros que se formaram na Stuyvesant High School de elite era quase tão alta quanto a proporção de negros na população da cidade de Nova York.[78]

Já em 1971, havia mais alunos negros do que asiáticos na Stuyvesant.[79] Em 1979, os negros somavam 12,9% dos alunos da Stuyvesant, mas essa proporção caiu para 4,8% em 1995.[80] Em 2012, eram apenas 1,2% dos alunos.[81] Em um período de 33 anos, a proporção de alunos negros na Stuyvesant High School *caiu* para menos de *um décimo* do que era antes. Nenhum dos suspeitos usuais — genética ou racismo — pode explicar essa evolução naqueles anos. Tampouco há indícios de que os defensores da justiça social tenham feito um exame de consciência sobre como suas ideias podem ter contribuído para tudo isso.

Em escala internacional e em outras questões além da educação, os defensores da visão de justiça social muitas vezes não demonstram um sério interesse no progresso dos menos afortunados, quando isso acontece de maneiras não relacionadas à agenda da justiça social. A taxa de progresso socioeconômico dos negros norte-americanos antes da década de 1960 é um exemplo clássico disso. Mas tem havido uma falta de interesse semelhante nas maneiras pelas quais os imigrantes judeus do Leste Europeu, atingidos pela pobreza e vivendo em barracos, alcançaram a prosperidade, ou como os imigrantes japoneses do Canadá, igualmente atingidos pela pobreza, fizeram o mesmo. Em ambos os casos, a prosperidade atual desses povos foi tratada retoricamente, chamando suas conquistas de "privilégio".[82]

Há muitos exemplos de pessoas e lugares em todo o mundo que saíram da pobreza na segunda metade do século XX. Entre eles, estão Hong Kong,[83] Singapura,[84] e Coreia do Sul.[85] No último quarto do século XX, as grandes nações da Índia[86] e da China[87] tiraram milhões de pessoas da pobreza. O denominador comum em todos esses lugares foi que a saída da pobreza começou depois que o governo teve seu papel na microgestão da economia reduzido. Isso foi especialmente irônico no caso da China, que tem um governo comunista.

Com os defensores da justiça social supostamente preocupados com o destino dos pobres, pode parecer estranho o fato de que, talvez, eles tenham prestado pouquíssima atenção aos lugares onde os pobres saíram da pobreza em um ritmo drástico e em grande escala. Isso, no mínimo, levanta a questão de saber se as prioridades dos defensores da justiça social são os pobres ou a própria visão de mundo dos defensores e seu papel nessa visão.

O que nós, que não somos adeptos da visão de justiça social e de sua agenda, devemos fazer? No mínimo, podemos voltar nossa atenção da retórica para a realidade da vida. Como disse o grande juiz da Suprema Corte, Oliver Wendell Holmes, "pense em coisas em vez de palavras".[88] Nos dias atuais, é especialmente importante obter fatos em vez de palavras de ordem. Isso inclui não só os atuais, mas também a vasta gama de fatos sobre o que outras pessoas fizeram no passado — tanto os sucessos quanto os fracassos. Conforme disse o ilustre historiador britânico:

> O estudo da história é um poderoso antídoto contra a arrogância contemporânea. É humilhante descobrir quantas de nossas suposições superficiais, que nos parecem atuais e plausíveis, já foram testadas antes, não uma, mas muitas vezes e de inúmeras formas, e descobrimos, com grande custo humano, que são totalmente falsas.[89]

NOTAS

EPÍGRAFE

Alan Greenspan, *The Age of Turbulence: Adventures in a New World* (Nova York: Penguin Press, 2007), p. 95. [Obra disponível em português com o título *A Era da Turbulência: Aventuras em um Novo Mundo.*]

CAPÍTULO 1: FALÁCIAS DE "OPORTUNIDADES IGUAIS"

1. Jean-Jacques Rousseau, *A Discourse on Inequality*, traduzido por Maurice Cranston (Londres: Penguin Books, 1984), p. 57. [Obra disponível em português com o título *Discurso sobre a origem e os fundamentos da desigualdade entre os homens.*]
2. Sam McCaig, "Where in the World Do NHL Players Come From?", *Sports Illustrated* (online), 14 out. 2018; Helene Elliott, "California Hockey Has Come So Far", *Los Angeles Times*, 6 set. 2020, p. D6; The Economist, *Pocket World in Figures: 2022 Edition* (Londres: Profile Books, 2021), pp. 14, 214; Shawn Hubler, "California's Population Dips During Tumultuous 2020", *New York Times*, 8 meio 2021, p. A17.
3. Charles Issawi, "The Transformation of the Economic Position of the *Millets* in the Nineteenth Century", *Christians and Jews in the Ottoman Empire: The Functioning of a Plural Society*, vol. I: *The Central Lands*, editado por Benjamin Braude e Bernard Lewis (Nova York: Holmes and Meier, 1982), pp. 262–263.

4. Yuan-li Wu e Chun-hsi Wu, *Economic Development in Southeast Asia: The Chinese Dimension* (Stanford: Hoover Institution Press, 1980), p. 51.
5. Jean Roche, *La Colonisation Allemande et le Rio Grande do Sul* (Paris: Institut Des Hautes Études de L'Amérique Latine, 1959), pp. 388–389.
6. R. Bayly Winder, "The Lebanese in West Africa", *Comparative Studies in Society and History*, vol. IV, edição 3 (abr. 1962), p. 309.
7. Jonathan I. Israel, *European Jewry in the Age of Mercantilism 1550–1750* (Oxford: Clarendon Press, 1985), p. 139.
8. Robert F. Foerster, *The Italian Emigration of Our Times* (Nova York: Arno Press, 1969), pp. 254–259, 261.
9. Haraprasad Chattopadhyaya, *Indians in Africa: A Socio-Economic Study* (Calcutta: Bookland Private Limited, 1970), p. 394.
10. Andrew Gibb, *Glasgow: The Making of a City* (Londres: Croom Helm, 1983), p. 116; Bruce Lenman, *An Economic History of Modern Scotland, 1660–1976* (Londres: B.T. Batsford, 1977), p. 180.
11. Amy Chua, *World on Fire: How Exporting Free Market Democracy Breeds Ethnic Hatred and Global Instability* (Nova York: Doubleday, 2003), p. 108.
12. Myron Weiner, *Sons of the Soil: Migration and Ethnic Conflict in India* (Princeton: University of Princeton Press, 1978), pp. 102–104.
13. Veja, por exemplo, Andrew D. Mellinger, Jeffrey D. Sachs e John L. Gallup, "Climate, Coastal Proximity, and Development", *The Oxford Handbook of Economic Geography*, editado por Gordon L. Clark, Maryann P. Feldman e Meric S. Gertler (Oxford: University of Oxford Press, 2000); Ellen Churchill Semple, *Influences of Geographic Environment* (Nova York: Henry Holt and Company, 1911); Thomas Sowell, *Wealth, Poverty and Politics*, edição revisada e ampliada (Nova York: Basic Books, 2016), 3–5, 8–10, 13–83.
14. Caryn E. Neumann, "Beer", *Germany and the Americas: Culture, Politics, and History*, editado por Thomas Adam (Santa Barbara, Califórnia: ABC-CLIO, 2005), vol. I, pp. 130–133.
15. Jim Mann, "Tsingtao Beer: Bottling Profits for China", *Los Angeles Times*, 12 out. 1986, pp. F1, F7.
16. Robert F. Foerster, *The Italian Emigration of Our Times*, p. 261.

17. "Brazilian Beverage Market Is Evolving", *Brazilian Bulletin,* jan. 1975, p. 6.
18. Jürgen Tampke, *The Germans in Australia* (Nova York: University of Cambridge Press, 2006), p. 101.
19. Marc Helmond, *Total Revenue Management (TRM): Case Studies, Best Practices and Industry Insights* (Cham, Switzerland: Springer, 2020), p. 167.
20. Horst Dornbusch, "Bavaria", *The Oxford Companion to Beer,* editado por Garrett Oliver (Nova York: University of Oxford Press, 2012), p. 104.
21. Ulrich Bonnell Phillips, *The Slave Economy of the Old South: Selected Essays in Economic and Social History* (Baton Rouge: Louisiana State University Press, 1968), p. 269.
22. Veja, por exemplo, Thomas Sowell, *Migrations and Cultures: A World View* (Nova York: Basic Books, 1996), pp. 2, 150, 153, 158, 164, 166, 176, 192, 207, 211, 218–219, 284–285, 289–290, 307, 312, 345, 353, 367.
23. Para obter exemplos documentados, consulte Thomas Sowell, *Wealth, Poverty and Politics*, edição revisada e ampliada, pp. 396–402.
24. "Degrees Conferred, by Level, Discipline, and Gender, 2018–19", *Chronicle of Higher Education* (Almanac 2021–2022), 20 ago., 2021, p. 43.
25. Ibid.
26. Veja Diana Furchtgott-Roth, *Women's Figures: An Illustrated Guide to the Economic Progress of Women In America*, edição de 2012 (Washington: AEI Press, 2012). Veja também Thomas Sowell, *Economic Facts and Fallacies,* 2ª edição (Nova York: Basic Books, 2015), cap. 3 [Obra disponível em português com o título *Fatos e Falácias da Economia*.]; e Thomas Sowell, *Affirmative Action Reconsidered: Was It Necessary in Academia?* (Washington: AEI Press, 1975), pp. 23–27.
27. Jessica Semega, Melissa Kollar, Emily A. Shrider e John F. Creamer, "Income and Poverty in the United States: 2019", *Current Population Reports*, P60–270 (RV) (Washington: U.S. Government Printing Office, 2020 e 2021), pp. 11, 51.
28. Escritório de Estatísticas Trabalhistas, "Who Chooses Part-Time Work and Why?", *Monthly Labor Review,* mar. 2018, pp. 5–7. Veja

também Thomas Sowell, *Economic Facts and Fallacies*, 2ª edição, pp. 61, 69, 72, 74, 82–83, 89 [Obra disponível em português com o título *Fatos e Falácias da Economia.*]; e Thomas Sowell, *Affirmative Action Reconsidered,* pp. 23, 24. Veja também Diana Furchtgott-Roth, *Women's Figureseses*, edição de 2012, pp. 17–18.

29. Veja John Iceland e Ilana Redstone, "The Declining Earnings Gap between Young Women and Men in the United States, 1979–2018", *Social Science Research,* vol. 92 (nov. 2020), pp. 1–11; Diana Furchtgott-Roth, *Women's Figures*, edição de 2012, pp. 14, 15, 16, 19; Thomas Sowell, *Affirmative Action Reconsidered*, pp. 28, 31, 32, 33; Warren Farrell, *Why Men Earn More: The Startling Truth Behind the Pay Gap and What Women Can Do About It* (Nova York: Amacom, 2005), p. xxiii; Anita U. Hattiangadi e Amy M. Habib, *A Closer Look at Comparable Worth*, 2ª edição (Washington: Employment Policy Foundation, 2000), p. 43; Thomas Sowell, *Education: Assumptions versus History* (Stanford: Hoover Institution Press, 1986), pp. 95, 97; Laurence C. Baker, "Differences in Earnings Between Male and Female Physicians", *The New England Journal of Medicine*, 11 abr. 1996, p. 960; Marianne Bertrand e Kevin Hallock, "The Gender Gap in Top Corporate Jobs", *Industrial and Labor Relations Review*, out. 2001, p. 17.

30. "The Economic Role of Women", *The Economic Report of the President, 1973* (Washington, D.C.: U.S. Government Printing Office, 1973), p. 105.

31. Sam Dean e Johana Bhuiyan, "Why are Black and Latino people still kept out of tech industry?", *San Francisco Chronicle*, 7 jul. 2020, p. C1.

32. Departamento de Educação dos EUA, *Digest of Education Statistics 2019*, 55ª edição (Washington: National Center of Education Statistics, 2021), p. 345.

33. Ibid., p. 351.

34. Mohamed Suffian bin Hashim, "Problems and Issues of Higher Education Development in Malaysia", *Development of Higher Education in Southeast Asia: Problems and Issues*, editado por Yip Yat Hoong (Singapore: Regional Institute of Higher Education and Development, 1973), Tabela 8, pp. 70–71.

35. Donald L. Horowitz, *Ethnic Groups in Conflict* (Berkeley: University of California Press, 1985), p. 677; Myron Weiner, "The Pursuit of Ethnic Equality Through Preferential Policies: A Comparative Public

Policy Perspective", *From Independence to Statehood,* editado por Robert B. Goldmann e A. Jeyaratnam Wilson (Londres: Frances Pinter, 1984), p. 64; Cynthia H. Enloe, *Police, Military and Ethnicity: Foundations of State Power* (New Brunswick: Transaction Books, 1980), p. 143.

36. Fernand Braudel, *A History of Civilizations*, traduzido por Richard Mayne (Nova York: The Penguin Press, 1994), p. 17. [Obra disponível em português com o título *Gramática das Civilizações*.]

37. James Oliphant, "Faith's Role In Picking a New Justice", *Los Angeles Times*, 22 abr. 2010, p. A11; Peter Baker, "Kagan Is Sworn In as the Fourth Woman, and 112th Justice, on the Supreme Court", *New York Times,* 8 ago. 2010, pp. 1, 13; Julie Zauzmer, "Back Home, Supreme Court Nominee Is Active in a Liberal Episcopalian Church", *Washington Post,* 4 fev. 2017, p. B2; Julie Hirschfeld Davis, "In Highlight for President, Gorsuch Is Sworn In as Court's 113th Justice", *New York Times,* 11 abr. 2017, p. A19. Essa não foi, de forma alguma, a única disparidade estatística entre os juízes. Por onze anos consecutivos, todos os juízes da Suprema Corte se formaram em direito em uma das três escolas de direito da Ivy League — Harvard, Yale e Colúmbia. Peter Baker, "Kagan Is Sworn In as the Fourth Woman, and 112th Justice, on the Supreme Court", *New York Times*, 8 ago. 2010, pp. 1, 13; William Wan, "The High Court's Ivy League Problem", *Washington Post*, 13 jul. 2018, p. A4; Nicholas Fandos, "Barrett Sworn In to Supreme Court After 52–48 Vote", *New York Times*, 27 out. 2020, p. A1.

38. Aleksandra Sandstrom, "Faith on the Hill: The Religious Composition of the 116th Congress", Pew Research Center, 3 jan. 2019, p. 3.

39. Thomas Sowell,"New Light on Black I.Q.", *New York Times*, 27 mar. 1977, seção do jornal de domingo, pp. 56–58, 60, 62; Thomas Sowell, *Intellectuals and Society,* edição revisada e ampliada (Nova York: Basic Books, 2011), Capítulo 17. [Obra disponível em português com o título *Os Intelectuais e a Sociedade*.]

40. Ana Amélia Freitas-Vilela et al., "Maternal Dietary Patterns During Pregnancy and Intelligence Quotients in the Offspring at 8 Years of Age: Findings from the ALSPAC Cohort", *Maternal & Child Nutrition,* vol. 14, edição 1 (jan. 2018), pp. 1–11; Ingrid B. Helland, et al., "Maternal Supplementation with Very-Long-Chain n-3 Fatty Acids During Pregnancy and Lactation Augments Children's IQ at 4 Years of Age", *Pediatrics*, vol. 111, n. 1 (jan. 2003), pp. e39–e44.

41. Veja, por exemplo, Helene McNulty et al., "Effect of Continued Folic Acid Supplementation beyond the First Trimester of Pregnancy on Cognitive Performance in the Child: A Follow-up Study from a Randomized Controlled Trial (FASSTT Offspring Trial)", *BMC Medicine*, vol. 17 (2019), pp. 1–11; Aoife Caffrey et al., "Effects of Maternal Folic Acid Supplementation During the Second and Third Trimesters of Pregnancy on Neurocognitive Development in the Child: An 11-Year Follow-up from a Randomised Controlled Trial", *BMC Medicine*, Volume 19 (2021), pp. 1–13; Ann P. Streissguth, Helen M. Barr e Paul D. Sampson, "Moderate Prenatal Alcohol Exposure: Effects on Child IQ and Learning Problems at Age 7 1/2 Years", *Alcoholism: Clinical and Experimental Research*, vol. 14, n. 5 (set./out. 1990), pp. 662–669; Ernest L. Abel e Robert J. Sokol, "Incidence of Fetal Alcohol Syndrome and Economic Impact of FAS- Related Anomalies", *Drug and Alcohol Dependence*, vol. 19, ed. 1 (jan. 1987), pp. 51–70; Johann K. Eberhart e Scott E. Parnell, "The Genetics of Fetal Alcohol Spectrum Disorders", *Alcoholism: Clinical and Experimental Research*, vol. 40, ed. 6 (jun. 2016), pp. 1154–1165; Edward P. Riley, M. Alejandra Infante e Kenneth R. Warren, "Fetal Alcohol Spectrum Disorders: An Overview", *Neuropsychology Review*, vol. 21, ed. 2 (jun. 2011), pp. 73–80.

42. Julia M. Rohrer, Boris Egloff e Stefan C. Schmukle, "Examining the Effects of Birth Order on Personality", *Proceedings of the National Academy of Sciences*, vol. 112, n. 46 (17 nov. 2015), p. 14225; Lillian Belmont e Francis A. Marolla, "Birth Order, Family Size, and Intelligence", *Science*, vol. 182, n. 4117 (14 dez. 1973), p. 1098; Sandra E. Black, Paul J. Devereux e Kjell G. Salvanes, "Older and Wiser? Birth Order and IQ of Young Men", *CESifo Economic Studies*, vol. 57, 1/2011, pp. 109, 112, 116.

43. Alison L. Booth e Hiau Joo Kee, "Birth Order Matters: The Effect of Family Size and Birth Order on Educational Attainment", *Journal of Population Economics*, vol. 22, n. 2 (abr. 2009), p. 377.

44. Philip S. Very e Richard W. Prull, "Birth Order, Personality Development, and the Choice of Law as a Profession", *Journal of Genetic Psychology*, vol. 116, n. 2 (1 jun. 1970), pp. 219–221; Richard L. Zweigenhaft, "Birth Order, Approval-Seeking and Membership in Congress", *Journal of Individual Psychology*, vol. 31, n. 2 (nov. 1975), p. 208; William D. Altus, "Birth Order and Its Sequelae", *Science*, vol. 151 (jan. 7, 1966), pp. 44–49.

45. William D. Altus, "Birth Order and Its Sequelae", *Science,* vol. 151 (7 jan. 1966), p. 45.

46. Jere R. Behrman e Paul Taubman, "Birth Order, Schooling, and Earnings", *Journal of Labor Economics*, vol. 4, n. 3, Parte 2, The Family and the Distribution of Economic Rewards (jul. 1986), p. S136; *Astronauts and Cosmonauts: Biographical and Statistical Data,* revisado em 31 ago. 1993, Relatório preparado pelo Serviço de Pesquisa do Congresso, Biblioteca do Congresso, transmitido ao Comitê de Ciência, Espaço e Tecnologia, Câmara dos Deputados dos EUA, Centésimo Terceiro Congresso, Segunda Sessão, mar. 1994 (Washington: U.S. Government Printing Office, 1994), p. 19; Daniel S.P. Schubert, Mazie E. Wagner e Herman J.P. Schubert, "Family Constellation and Creativity: Firstborn Predominance Among Classical Music Composers", *The Journal of Psychology*, vol. 95, n. 1 (1977), pp. 147–149; Robert J. Gary-Bobo, Ana Prieto e Natalie Picard, "Birth Order and Sibship Sex Composition as Instruments in the Study of Education and Earnings", Documento de discussão nº 5514 (fev. 2006), Centro de Pesquisa de Política Econômica, Londres, p. 22.

47. Amy L. Anderson, "Individual and Contextual Influences on Delinquency: The Role of the Single-Parent Family", *Journal of Criminal Justice*, vol. 30 (2002), pp. 575–587; Kathleen M. Ziol-Guest, Greg J. Duncan e Ariel Kalil, "One-Parent Students Leave School Earlier", *Education Next*, mar.-maio 2015, pp. 37–41; Nick Spencer, "Does Material Disadvantage Explain the Increased Risk of Adverse Health, Educational, and Behavioural Outcomes Among Children in Lone Parent Households in Britain? A Cross Sectional Study", *Journal of Epidemiology and Community Health*, vol. 59 (2005), pp. 152–157; James Bartholomew, *The Welfare State We're In* (Londres: Politico's, 2006), edição revisada, pp. 275–276, 278.

48. Maggie Gallagher, "Fatherless Boys Grow Up Into Dangerous Men", *Wall Street Journal*, 1 dez. 1998, p. A22; Dewey G. Cornell, Elissa P. Benedek e David M. Benedek, "Characteristics of Adolescents Charged with Homicide: Review of 72 Cases", *Behavioral Sciences & the Law,* vol. 5, n. 1 (1987), pp. 13–14; Stephen Baskerville, "Is There Really a Fatherhood Crisis?", *The Independent Review*, vol. 8, n. 4 (mar.-maio 2004), pp. 485– 486; Delphine Theobald, David P. Farrington e Alex Piquero, "Childhood Broken Homes and Adult Violence: An Analysis of Moderators and Mediators", *Journal of Criminal Justice*, vol. 41 (2013), pp. 44–45, 47–50.

49. Stephen Baskerville, "Is There Really a Fatherhood Crisis?", *The Independent Review*, vol. 8, n. 4 (mar.-maio 2004), p. 485.

50. "Boys with Absentee Dads Twice as Likely to be Jailed", *Washington Post*, 21 ago. 1998, p. A3.

51. Bruce J. Ellis, John E. Bates, Kenneth A. Dodge, David M. Fergusson, L. John Horwood, Gregory S. Pettit e Lianne Woodward, "Does Father Absence Place Daughters at Special Risk for Early Sexual Activity and Teenage Pregnancy?", *Child Development*, vol. 74, n. 3 (maio/jun. 2003), pp. 801–821; Stephen Baskerville,"Is There Really a Fatherhood Crisis?", *The Independent Review*, vol. 8, n. 4 (mar.-maio 2004), p. 485; James Bartholomew, *The Welfare State We're In*, edição revisada, p. 276.

52. Veja, por exemplo, Theodore Dalrymple, *Life at the Bottom: The Worldview That Makes the Underclass* (Chicago: Ivan R. Dee, 2001), p. viii [Obra disponível em português com o título *A Vida na Sarjeta*.]; James Bartholomew, *The Welfare State We're In*, edição revisada, pp. 275, 276, 278.

53. Veja, por exemplo, Theodore Dalrymple, *Life at the Bottom*; James Bartholomew, *The Welfare State We're In*, edição revisada, Capítulos 4 e 6. [Obra disponível em português com o título *A Vida na Sarjeta*.]

54. "Choose Your Parents Wisely", *The Economist*, 26 jul. 2014, p. 22; Betty Hart e Todd R. Risley, *Meaningful Differences in the Everyday Experience of Young American Children* (Baltimore: Paul H. Brookes Publishing Co., 1995), pp. 123–124, 125–126, 128, 198–199, 247.

55. Escritório do Censo dos EUA, "Selected Population Profile in the United States", *2019 American Community Survey*, Estimativas de 1 ano, Tabela S0201.

56. Escritório do Censo dos EUA, "Age — All People (Both Sexes Combined) by Median and Mean Income: 1974 to 2020", *Current Population Survey, 1975–2021,* Annual Social and Economic Supplements (CPS ASEC), Tabela P–10.

57. The Economist, *Pocket World in Figures: 2022 Edition*, p. 18.

58. Roy E. H. Mellor e E. Alistair Smith, *Europe: A Geographical Survey of the Continent* (Nova York: University of California Press, 1979), p. 3; Antony R. Orme, "Coastal Environments", *The Physical Geography of Africa*, editado por William M. Adams, Andrew S. Goudie e Antony R. Orme (Oxford: University of Oxford Press, 1996), p. 238; Enci-

clopédia Britannica, *Britannica Concise Encyclopedia,* edição revisada e ampliada (Chicago: Encyclopaedia Britannica, 2006), p. 643.

59. Roy E. H. Mellor e E. Alistair Smith, *Europe*, p. 3.

60. Ibid.

61. Adam Smith, *An Inquiry Into the Nature and Causes of the Wealth of Nations* (Nova York: Modern Library, 1937), pp. 20–21.

62. Adam Smith, *The Theory of Moral Sentiments* (Indianapolis: Liberty Classics, 1976), p. 337. [Obra disponível em português com o título *Teoria dos Sentimentos Morais.*]

63. Veja, por exemplo, William A. Hance, *The Geography of Modern Africa* (Nova York: University of Columbia Press, 1964), pp. 3–6, 12– 19, 32–33; Fernand Braudel, *A History of Civilizations*, traduzido por Richard Mayne, pp. 117–126 [Obra disponível em português com o título *Gramática das Civilizações.*]; David E. Bloom, Jeffrey D. Sachs, Paul Collier e Christopher Udry, "Geography, Demography, and Economic Growth in Africa", *Brookings Papers on Economic Activity*, vol. 1998, n. 2 (1998), pp. 207–273. Veja também Thomas Sowell, *Conquests and Cultures: An International History* (Nova York: Basic Books, 1998), pp. 99–109.

64. Fernand Braudel, *A History of Civilizations*, traduzido por Richard Mayne, p. 120. [Obra disponível em português com o título *Gramática das Civilizações.*]

65. A. H. M. Jones, *The Later Roman Empire 284–602: A Social and Administrative Survey* (Norman: University of Oklahoma Press, 1964), vol. 2, pp. 841–842.

66. Ellen Churchill Semple, *The Geography of the Mediterranean Region: Its Relation to Ancient History* (Nova York: Henry Holt and Company, 1931), p. 5.

67. Ellen Churchill Semple, *Influences of Geographic Environment,* p. 280.

68. Ibid.

69. Andrew D. Mellinger, Jeffrey D. Sachs e John L. Gallup, "Climate, Coastal Proximity, and Development", *The Oxford Handbook of Economic Geography*, editado por Gordon L. Clark, Maryann P. Feldman, e Meric S. Gertler, pp. 169, 177–179, 182. Observe especialmente o mapa-múndi na página 178.

70. Veja, por exemplo, Frederick R. Troeh e Louis M. Thompson, *Soils and Soil Fertility,* 6ª edição (Ames, Iowa: Blackwell, 2005), p. 330;

Xiaobing Liu et al., "Overview of Mollisols in the World: Distribution, Land Use and Management", *Canadian Journal of Soil Science*, vol. 92 (2012), pp. 383–402; Darrell Hess, *McKnight's Physical Geography: A Landscape Appreciation*, 7ª edição (Upper Saddle River, New Jersey: Pearson Education, Inc., 2014), pp. 362–363.

71. Charles Murray, *Human Accomplishment: The Pursuit of Excellence in the Arts and Sciences, 800 B.C. to 1950* (Nova York: Harper Collins, 2003), pp. 355–361.

72. Andrew D. Mellinger, Jeffrey D. Sachs e John L. Gallup, "Climate, Coastal Proximity, and Development", *The Oxford Handbook of Economic Geography*, editado por Gordon L. Clark, Maryann P. Feldman, e Meric S. Gertler, pp. 169, 180–181.

73. Ibid., pp. 178–179, 182–183.

74. Robert J. Sharer, *The Ancient Maya,* 5ª edição (Stanford: University of Stanford Press, 1994), p. 455.

75. Jared Diamond, *Guns, Germs, and Steel: The Fates of Human Societies* (Nova York: W.W. Norton, 1997), p. 352.

76. David S. Landes, *The Wealth and Poverty of Nations: Why Some Are So Rich and Some So Poor* (Nova York: W.W. Norton & Company, 1998), pp. 4–5. [Obra disponível em português com o título *A riqueza e a pobreza das nações: por que alguns são tão ricos e outros tão pobres.*]

77. Ibid., p. 6.

78. Veja, por exemplo, Paul Robert Magosci, *A History of Ukraine* (Seattle: University of Washington Press, 1996), p. 6; Tony Judt, *Postwar: A History of Europe Since 1945* (Nova York: Penguin Books, 2006), p. 648 [Obra disponível em português com o título *Pós-Guerra — História da Europa desde 1945.*]; Peter Duffy, "75 Years Later, Survivor Helps Commemorate Ukrainian Famine", *New York Times*, 19 dez. 2007, p. B3; Will Horner e Kirk Maltais, "Ukraine Tensions Drive Up Wheat Prices", *Wall Street Journal*, 1 fev. 2022, p. B11.

79. Veja, por exemplo, Thomas Sowell, *Economic Facts and Fallacies*, 2ª edição, Capítulo 3. Veja também Diana Furchtgott-Roth, *Women's Figures*, edição de 2012.

80. "The World's Least Honest Cities", *The Telegraph.UK*, 25 set. 2013.

81. Eric Felten, "Finders Keepers?", *Reader's Digest*, abr. 2001, pp. 102–107.

82. Veja Raymond Fisman e Edward Miguel,"Cultures of Corruption: Evidence from Diplomatic Parking Tickets", Working Paper 12312, Escritório Nacional de Pesquisa Econômica, jun. 2006, Tabela 1, pp. 19–22.

83. John Stuart Mill, *Collected Works of John Stuart Mill*, vol. III: *Principles of Political Economy with Some of Their Applications to Social Philosophy*, editado por J.M. Robson (Toronto: University of Toronto Press, 1965), p. 882.

84. John P. McKay, *Pioneers for Prof it: Foreign Entrepreneurship and Russian Industrialization 1885–1913* (Chicago: University of Chicago Press, 1970), pp. 176, 187; Linda M. Randall, *Reluctant Capitalists: Russia's Journey Through Market Transition* (Nova York: Routledge, 2001), pp. 56–57; Raghuram G. Rajan e Luigi Zingales, *Saving Capitalism from the Capitalists* (Princeton: University of Princeton Press, 2004), p. 57; Bryon MacWilliams, "Reports of Bribe-Taking at Russian Universities Have Increased, Authorities Say", *The Chronicle of Higher Education*, 18 abr. 2002 (online); Transparency International, *Transparency International Corruption Perceptions Index 2021* (Berlin: Transparency International Secretariat, 2022), pp. 2–3.

85. Karl Stumpp, *The German-Russians: Two Centuries of Pioneering* (Bonn: Edition Atlantic-Forum, 1967), p. 68.

86. Gurcharan Das, *India Unbound: The Social and Economic Revolution from Independence to the Global Information Age* (Nova York: Alfred A. Knopf, 2001), p. 143. Para obter informações sobre os comerciantes chineses no exterior, consulte Clifton A. Barton, "Trust and Credit: Some Observations Regarding Business Strategies of Ethnic Chinese Traders in South Vietnam", e Janet T. Landa, "The Political Economy of the Ethnically Homogenous Chinese Middleman Group in Southeast Asia: Ethnicity and Entrepreneurship in a Plural Society", em *The Chinese in Southeast Asia*, vol. 1: *Ethnicity and Economic Activity*, editado por Linda Y. C. Lim e L. A. Peter Gosling (Singapore: Mazuren Asia, 1983), pp. 53, 90.

87. Renée Rose Shield, *Diamond Stories: Enduring Change on 47th Street* (Ithaca, Nova York: University of Cornell Press, 2002), Chapter 5.

88. Eric J. Evans, *The Shaping of Modern Britain: Identity, Industry and Empire, 1780–1914* (Nova York: Longman, 2011), p. 136.

89. Brian Murdoch, "Introduction", *German Literature of the Early Middle Ages*, editado por Brian Murdoch (Rochester, Nova York: Camden

House, 2004), vol. 2, p. 10; Samantha Zacher, "Introduction to Medieval Literature", *A Companion to British Literature*, vol. I: *Medieval Literature 700–1450*, editado por Robert DeMaria, Jr., Heesok Chang e Samantha Zacher (West Sussex, United Kingdom: Wiley-Blackwell, 2014), p. xxxv; Jean W. Sedlar, *East Central Europe in the Middle Ages, 1000–1500* (Seattle: University of Washington Press, 1994), pp. 440, 447, 449.

90. Gordon East, "The Concept and Political Status of the Shatter Zone", *Geographical Essays on Eastern Europe,* editado por Norman J. G. Pounds (Bloomington: Indiana University Press, 1961), p. 14.

91. Steven Pinker, *The Better Angels of Our Nature: Why Violence Has Declined* (Nova York: Viking, 2011), pp. 85–87.

92. David S. Landes, *The Wealth and Poverty of Nations,* p. 250.

93. Carlo M. Cipolla, *Literacy and Development in the West* (Baltimore: Penguin Books, 1969), pp. 16, 17.

94. Veja, por exemplo, N. J. G. Pounds, *An Historical Geography of Europe* (Cambridge: University of Cambridge Press, 1990); Charles Murray, *Human Accomplishment*, pp. 295–303.

95. Bernard Nkemdirim, "Social Change and the Genesis of Political Conflict in Nigeria", *Civilisations*, vol. 25, n. 1–2 (1975), p. 94.

96. Thomas Sowell, *Affirmative Action Around the World: An Empirical Study* (New Haven: University of Yale Press, 2004), p. 100; Amy Chua, *World on Fire*, pp. 108–109. [Obra disponível em português com o título *Ação Afirmativa ao Redor do Mundo: Um estudo empírico sobre cotas e grupos preferenciais.*]

97. Charles O. Hucker, *China's Imperial Past: An Introduction to Chinese History and Culture* (Stanford: University of Stanford Press, 1975), p. 65; Jacques Gernet, *A History of Chinese Civilization*, traduzido por J. R. Foster (Nova York: University of Cambridge Press, 1985), pp. 69, 138, 140.

98. Jacques Gernet, *A History of Chinese Civilization*, traduzido por J. R. Foster, pp. 288, 333–336.

CAPÍTULO 2: FALÁCIAS RACIAIS

1. Madison Grant, *The Passing of the Great Race or the Racial Basis of European History,* edição revisada (Nova York: Charles Scribner's Sons, 1918), p. 100.

2. Escritório do Censo dos EUA, "The Social and Economic Status of the Black Population in the United States: An Historical View, 1790–1978", *Current Population Reports*, séries P–23, n. 80 (Washington: Bureau of the Census, sem data), p. 31; Escritório do Censo dos EUA, "Race and Hispanic Origin of Householder — Families by Median and Mean Income: 1947 to 2021", *Current Population Survey, 1948–2022*, Annual Social and Economic Supplements (CPS ASEC), Tabela F–5.

3. Escritório do Censo dos EUA,"Selected Population Profile in the United States", *2019 American Community Survey*, Estimativas de 1 ano, Tabela S0201.

4. Ibid.

5. Ibid.

6. Ibid.

7. Escritório do Censo dos EUA, "Selected Characteristics of People 15 Years Old and Over by Total Money Income in 2020, Work Experience in 2020, Race, Hispanic Origin, and Sex", *Current Population Survey, 2021*, Annual Social and Economic Supplement (CPS ASEC), Tabela PINC–01.

8. Um estudo do Federal Reserve Bank de St. Louis constatou que 2% das famílias negras eram milionárias. (Ana Hernández Kent e Lowell R. Ricketts, "Wealth Gaps between White, Black and Hispanic Families in 2019", Federal Reserve Bank de St. Louis, 5 jan. 2021.) Os dados do censo mostram que havia mais de 10 milhões de famílias negras. Isso significa que milhares dessas famílias eram milionárias. Escritório do Censo dos EUA, "Family Groups: 2020", *Current Population Survey, 2020*, Annual Social and Economic Supplement, Tabela FG10.

9. "A League of Their Own", *Forbes*, jun./jul. 2022, p. 21; "Forbes 400", *Forbes*, out. 2020, p. 104.

10. Emily A. Shrider, Melissa Kollar, Frances Chen e Jessica Semega, "Income and Poverty in the United States: 2020", *Current Population Reports*, P60–273 (Washington: U.S. Government Publishing Office, 2021), pp. 57–59.

11. Escritório do Censo dos EUA, "Poverty Status of Families, by Type of Family, Presence of Related Children, Race, and Hispanic Origin: 1959 to 2020," *Current Population Survey, 1960–2021,* Annual Social and Economic Supplements (CPS ASEC), Tabela 4; Emily A. Shrider,

Melissa Kollar, Frances Chen e Jessica Semega, "Income and Poverty in the United States: 2020", *Current Population Reports,* P60–273, pp. 14, 56.

12. Escritório do Censo dos EUA, "Poverty Status of Families, by Type of Family, Presence of Related Children, Race, and Hispanic Origin: 1959 to 2020", *Current Population Survey, 1960–2021,* Annual Social and Economic Supplements (CPS ASEC), Tabela 4.

13. Ibid.

14. Esses dados do Departamento de Educação do Estado de Nova York são citados em Thomas Sowell, *Charter Schools and Their Enemies* (Nova York: Basic Books, 2020), pp. 49, 140–187. Estão disponíveis na internet para qualquer pessoa que queira comparar os resultados das escolas independentes com os das mesmas comunidades, seja para fins de pesquisa ou para fazer escolhas de locais para enviar seus filhos.

15. Os dados do Departamento de Educação do Estado de Nova York são mostrados em Thomas Sowell, *Charter Schools and Their Enemies*, p. 49.

16. E. Franklin Frazier,"The Impact of Urban Civilization Upon Negro Family Life", *American Sociological Review*, vol. 2, n. 5 (out. 1937), p. 615.

17. Charles Lanman, *Dictionary of the United States Congress* (Washington: Government Printing Office, 1864), p. 537; Grady McWhiney, *Cracker Culture: Celtic Ways in the Old South* (Tuscaloosa: University of Alabama Press, 1988), p. 253.

18. Lewis Cecil Gray, *History of Agriculture in the Southern United States to 1860* (Washington: Carnegie Institution of Washington, 1933), vol. II, p. 831.

19. Rupert B. Vance, *Human Geography of the South: A Study in Regional Resources and Human Adequacy* (Chapel Hill: University of North Carolina Press, 1932), pp. 167–168, 175.

20. Grady McWhiney, *Cracker Culture*, p. 196.

21. Alexis de Tocqueville, *Democracy in America* (Nova York: Alfred A. Knopf, 1989), vol. I, pp. 362–363.[Obra disponível em português com o título *Da Democracia na América*.]

22. Frederick Law Olmsted, *The Cotton Kingdom: A Traveller's Observations on Cotton and Slavery in the American Slave States,* editado por Arthur M. Schlesinger (Nova York: Alfred A. Knopf, 1953), pp. 12, 64, 65, 87, 90, 147, 327, 391.

23. Robert E. Lee, *Lee's Dispatches: Unpublished Letters of General Robert E. Lee, C.S.A. to Jefferson Davis and the War Department of the Confederate States of America, 1862–65*, edited by Douglas Southall Freeman, New Edition (Nova York: G.P. Putnam's Sons, 1957), p. 8.

24. Hinton Rowan Helper, *The Impending Crisis of the South: How to Meet It,* edição ampliada (Nova York: A. B. Burdick, 1860), pp. 40–41, 44, 381.

25. Ulrich Bonnell Phillips, *The Slave Economy of the Old South: Selected Essays in Economic and Social History*, editado por Eugene D. Genovese (Baton Rouge: Louisiana State University Press, 1968), p. 107.

26. Rupert B. Vance, *Human Geography of the South*, pp. 148, 168, 304.

27. Escritório do Censo dos EUA, "Total Population", *2011–2015 American Community Survey*, Estimativas de 5 anos, Tabela B01003; Escritório do Censo dos EUA, "Median Household Income in the Past 12 Months (In 2015 Inflation-Adjusted Dollars)", *2011–2015, American Community Survey*, Estimativas de 5 anos, Tabela B19013.

28. Brett Barrouquere e Dylan T. Lovan, "Kentucky County Feels Food Stamp Reductions Sharply", *Washington Post*, 2 fev. 2014, p. A5.

29. Veja os dados das seguintes publicações: Escritório do Censo dos EUA, *Per Capita Income, Median Family Income, and Low Income Status in 1969 for States, Standard Metropolitan Statistical Areas, and Counties: 1970* (Washington: U.S. Government Printing Office, 1974), pp. 7, 83; Escritório do Censo dos EUA, *County and City Data Book, 1972* (Washington: U.S. Government Printing Office, 1973), pp. 19, 186, 189, 198, 201; Escritório do Censo dos EUA, *County and City Data Book, 1983* (Washington: U.S. Government Printing Office, 1983), pp. 26, 214, 222, 228, 236; Escritório do Censo dos EUA, *1980, Census of Population*, vol. 1: *General Social and Economic Characteristics*, Parte 1, United States Summary, PC80–1–C1 (Washington: U.S. Government Printing Office, 1983), p. 1–10t; Escritório do Censo dos EUA, *County and City Data Book: 1994* (Washington: U.S. Government Printing Office, 1994), pp. 23, 214, 219, 228, 233; Escritório do Censo dos EUA, *1990, Census of Population: Social and Economic Characteristics, United States*, 1990 CP–2–1 (Washington: U.S. Government Printing Office, 1993), p. 48; Escritório do Censo dos EUA, *County and City Data Book: 2000* (Washington: U.S. Government Printing Office, 2001), pp. 33–34, 81, 82, 210, 225, 226; Escritório do Censo dos EUA, "Money Income in the United States: 1997 (With Separate Data on Valuation of Noncash Benefits)",

Current Population Reports, P60–200 (Washington: U.S. Government Printing Office, 1998), p. vii; Escritório do Censo dos EUA, *2020 Poverty and Median Household Income Estimates — Counties, States, and National,* Small Area Income and Poverty Estimates (SAIPE) Program, data de lançamento: dez. 2021; Escritório do Censo dos EUA, "QuickFacts" para Clay County, Kentucky e Owsley County, Kentucky, baixado em 12 jan. 2023; Emily A. Shrider, Melissa Kollar, Frances Chen e Jessica Semega, "Income and Poverty in the United States: 2020", *Current Population Reports,* P60–273, p. 27.

30. Annie Lowrey, "Bluegrass-State Blues", *New York Times Magazine,* 29 jun. 2014, p. 13.

31. Escritório do Censo dos EUA, "Selected Characteristics of the Total and Native Populations in the United States", *2010–2014 American Community Survey,* Estimativas de 5 anos, Tabela S0601.

32. Veja os dados das seguintes publicações: Escritório do Censo dos EUA, *Per Capita Income, Median Family Income, and Low Income Status in 1969 for States, Standard Metropolitan Statistical Areas, and Counties: 1970,* pp. 7, 83; Escritório do Censo dos EUA, *County and City Data Book, 1972,* pp. 19, 186, 189, 198, 201; Escritório do Censo dos EUA, *County and City Data Book, 1983,* pp. 26, 214, 222, 228, 236; Escritório do Censo dos EUA, *1980 Census of Population,* Volume 1: *General Social and Economic Characteristics,* Parte 1, United States Summary, PC80–1–C1, p. 1–10t; Escritório do Censo dos EUA, *County and City Data Book: 1994,* pp. 23, 214, 219, 228, 233; Escritório do Censo dos EUA, *1990 Census of Population: Social and Economic Characteristics, United States,* 1990 CP–2–1, p. 48; Escritório do Censo dos EUA, *County and City Data Book: 2000,* pp. 33, 34, 81, 82, 210, 225, 226; Escritório do Censo dos EUA, "Money Income in the United States: 1997 (With Separate Data on Valuation of Noncash Benefits)", *Current Population Reports,* P60–200, p. vii; Escritório do Censo dos EUA, *2020 Poverty and Median Household Income Estimates — Counties, States, and National,* Small Area Income and Poverty Estimates (SAIPE) Program, data de lançamento: dez. 2021; Escritório do Censo dos EUA, "QuickFacts" for the following counties in Kentucky: Breathitt, Clay, Jackson, Lee, Leslie, and Mogoffin, baixado em 15 nov. 2022; Emily A. Shrider, Melissa Kollar, Frances Chen e Jessica Semega, "Income and Poverty in the United States: 2020", *Current Population Reports,* P60–273, p. 27.

33. Ellen Churchill Semple, *Influences of Geographic Environment* (Nova York: Henry Holt and Company, 1911), p. 113.

34. Ibid.

35. Veja, por exemplo, J. R. McNeill, *The Mountains of the Mediterranean World: An Environmental History* (Nova York: University of Cambridge Press, 1992), pp. 27, 44, 46, 104, 110, 142–143; Ellen Churchill Semple, *Influences of Geographic Environment*, pp. 521, 522, 530–531, 599–600; Fernand Braudel, *The Mediterranean and the Mediterranean World in the Age of Philip II*, traduzido por Siân Reynolds (Berkeley: University of California Press, 1995), vol. I, pp. 38, 46, 57, 97; Rupert B. Vance, *Human Geography of the South*, pp. 242, 246–247; Edward C. Banfield, *The Moral Basis of a Backward Society* (Nova York: The Free Press, 1958). Veja também James N. Gregory, *The Southern Diaspora: How The Great Migrations of Black and White Southerners Transformed America* (Chapel Hill: University of North Carolina Press, 2005), p. 76. Uma elaboração reveladora da cultura caipira norte-americana fez parte de um livro best-seller de J. D. Vance, *Hillbilly Elegy: A Memoir of a Family and Culture in Crisis* (Nova York: HarperCollins, 2016).

36. Barack Obama, *Dreams from My Father: A Story of Race and Inheritance* (Nova York: Crown Publishers, 2004), p. 254.

37. J. Todd Moye, *Freedom Flyers: The Tuskegee Airmen of World War II* (Nova York: Universiry of Oxford Press, 2010), especialmente a p. 13; Martin Weil, "Benjamin O. Davis, Jr., 89, Dies; First Black General in Air Force", *Washington Post*, 6 jul. 2002, p. B7; "Black Colonel Getting General's Rank", *New York Times*, 26 jan. 1970, p. 13; Nick Thimmesch, "'Chappie' James: A Remarkable Human Being", *Human Events*, 18 mar. 1978, p. 218.

38. Alexis de Tocqueville, *Democracy in America*, vol. I, p. 365.

39. Frederick Law Olmsted, *The Cotton Kingdom*, editado por Arthur M. Schlesinger, pp. 476n, 614–622.

40. Hinton Rowan Helper, *The Impending Crisis of the South*, edição ampliada, p. 34.

41. Grady McWhiney, *Cracker Culture*, Capítulos 2 e 3; David Hackett Fischer, *Albion's Seed: Four British Folkways in America* (Nova York: University of Oxford Press, 1989), pp. 365–368, 740–743.

42. [Daniel Patrick Moynihan], *The Negro Family: The Case for National Action* (Washington: Government Printing Office, 1965), p. 8. Moynihan não foi identificado como autor quando essa publicação foi editada como uma publicação anônima do governo. Somente depois que se tornou polêmica é que Moynihan foi identificado como autor.

43. Veja, por exemplo, os dados em Charles Murray, *Coming Apart: The State of White America 1960–2010* (Nova York: Crown Forum, 2012), p. 160.

44. Ibid.

45. Ibid.; [Daniel Patrick Moynihan], *The Negro Family*, p. 8.

46. Centros de Controle e Prevenção de Doenças, Departamento de Saúde e Serviços Humanos dos EUA, "Births: Final Data for 2000", *National Vital Statistics Reports*, vol. 50, n. 5 (12 fev. 2002), Tabela 19, p. 49.

47. Charles Murray, *Coming Apart*, p. 161.

48. James Bartholomew, *The Welfare of Nations* (Washington: The Cato Institute, 2016), p. 164.

49. Oliver Wendell Holmes, *Collected Legal Papers* (Nova York: Peter Smith, 1952), pp. 230–231.

50. John Dewey, por exemplo, falou sobre as pessoas que discordavam dele quanto ao fato de os tratados de desarmamento que ele apoiava serem tão eficazes para impedir a guerra quanto um aumento da força de defesa militar, que elas tinham "a estupidez de mentes limitadas pelo hábito". John Dewey, "Outlawing Peace by Discussing War", *New Republic,* 16 maio 1928, p. 370. Outro antigo proeminente progressista, o professor Edward A. Ross, autor de 28 livros, referiu-se a pessoas com visões diferentes dele como porta-vozes "mantidos" de interesses especiais, um "corpo mercenário" em contraste com "nós, heróis do bem-estar social". Edward Alsworth Ross, *Seventy Years of It: An Autobiography* (Nova York: D. Appleton-Century Company, 1936), pp. 97–98. Entre os progressistas que vieram depois, o professor Paul Krugman, em seu livro *Arguing with Zombies* referiu-se à "desonestidade", à "má-fé" e às ideias "zumbis" dos conservadores. Paul Krugman, *Arguing With Zombies: Economics, Politics and the Fight For a Better Future* (Nova York: W.W. Norton, 2021), pp. 7–8. De maneira semelhante, o professor Andrew Hacker simplesmente declarou que "os conservadores não se importam de fato se os negros norte-americanos são felizes ou não". Andrew Hacker, *Two Nations: Black and White, Separate, Hostile, Unequal* (Nova York: Charles Scribner's Sons, 1992), p. 51.

51. Madison Grant, uma figura de destaque entre os primeiros progressistas, disse: "Existe hoje uma crença generalizada e tola no poder do meio ambiente, bem como da educação e da oportunidade de modificar a hereditariedade, que surge do dogma da irmandade do homem,

derivado, por sua vez, dos pensadores livres da Revolução Francesa e de seus imitadores norte-americanos." Madison Grant, *The Passing of the Great Race or the Racial Basis of European History*, edição revisada, p. 16. Veja também Carl Brigham, *A Study of American Intelligence* (Princeton: University of Princeton Press, 1923), pp. xx, xxi, 75–78, 143–147, 154, 189–192, 194, 197, 202, 209–210. Veja também "Foreword", por Robert M. Yerkes nas p. vii–viii; Clarence S. Yoakum e Robert M. Yerkes, *Army Mental Tests* (Nova York: Henry Holt and Company, 1920), pp. 17, 30; [Robert M. Yerkes,] National Academy of Sciences, *Psychological Examining in the United States Army* (Washington: Government Printing Office, 1921), vol. XV, Parte III, pp. 553, 742, 785, 789, 791.

52. Otto Klineberg, *Race Differences* (Nova York: Harper & Brothers, 1935), p. 182.

53. James M. McPherson, *The Abolitionist Legacy: From Reconstruction to the NAACP* (Princeton: University of Princeton Press, 1975), pp. 165, 172–174.

54. Ibid., pp. 206, 367, 371–372; John Dittmer, *Black Georgia in the Progressive Era: 1900–1920* (Urbana: University of Illinois Press, 1977), p. 115. Veja também pp. 141–148. James D. Anderson, *The Education of Blacks in the South, 1860–1935* (Chapel Hill: University of North Carolina Press, 2010), pp. 4, 20–23, 94–102.

55. Jason L. Riley, "Philanthropy and Black Education", *City Journal,* jun.-ago. 2016, pp. 82, 84, 86.

56. John Dittmer, *Black Georgia in the Progressive Era*, p. 115.

57. Mandel Sherman e Cora B. Key, "The Intelligence of Isolated Mountain Children", *Child Development*, vol. 3, n. 4 (dez. 1932), pp. 279, 283. Veja também Lester R. Wheeler, "A Comparative Study of the Intelligence of East Tennessee Mountain Children", *Journal of Educational Psychology*, vol. XXXIII, n. 5 (maio 1942), pp. 327–328; L. R. Wheeler, "The Intelligence of East Tennessee Mountain Children", *Journal of Educational Psychology*, vol. 23, ed. 5 (maio 1932), pp. 361, 363.

58. Philip E. Vernon, *Intelligence and Cultural Environment* (Londres: Methuen & Co., Ltd., 1969), p. 155.

59. Hugh Gordon, *Mental and Scholastic Tests Among Retarded Children* (Londres: His Majesty's Stationery Office, 1923), p. 39.

60. Rudolf Pintner, *Intelligence Testing: Methods and Results* (Nova York: Henry Holt and Company, 1923), p. 352; Rudolph Pintner e Ruth

Keller, "Intelligence Tests of Foreign Children", *Journal of Educational Psychology*, vol. 13, n. 4 (1922), pp. 214–215.

61. Clifford Kirkpatrick, *Intelligence and Immigration* (Baltimore: The Williams & Wilkins Company, 1926), pp. 24, 31, 34.

62. Otto Klineberg, *Race Differences*, pp. 182–183.

63. Escritório do Censo dos EUA, "Total Population", *2011–2015 American Community Survey*, Estimativas de 5 anos, Tabela B01003; Escritório do Censo dos EUA, "Median Household Income in the Past 12 Months (In 2015 Inflation-Adjusted Dollars)", *2011–2015 American Community Survey*, Estimativas de 5 anos, Tabela B19013; Escritório do Censo dos EUA, *2020 Poverty and Median Household Income Estimates — Counties, States, and National*, Small Area Income and Poverty Estimates (SAIPE) Program, data de lançamento: dez. 2021; Escritório do Censo dos EUA, "QuickFacts" for the following counties in Kentucky: Breathitt, Clay, Jackson, Lee, Leslie,Mogoffin e Owsley, baixado em 15 nov. 2022 e 12 jan. 2023; Emily A. Shrider, Melissa Kollar, Frances Chen e Jessica Semega, "Income and Poverty in the United States: 2020", *Current Population Reports,* P60–273, p. 27. Veja também Brett Barrouquere e Dylan T. Lovan, "Kentucky County Feels Food Stamp Reductions Sharply," *Washington Post,* 2 fev. 2014, p. A5; Annie Lowrey, "Bluegrass-State Blues", *New York Times Magazine*, 29 jun. 2014, p. 13.

64. Mandel Sherman e Cora B. Key, "The Intelligence of Isolated Mountain Children", *Child Development*, vol. 3, n. 4 (dez. 1932), pp. 279, 283.

65. Lester R. Wheeler, "A Comparative Study of the Intelligence of East Tennessee Mountain Children", *Journal of Educational Psychology,* vol. XXXIII, n. 5 (maio 1942), pp. 327–328. Veja também L. R. Wheeler, "The Intelligence of East Tennessee Mountain Children", *Journal of Educational Psychology*, vol. 23, ed. 5 (maio 1932), pp. 360, 363. "Um estudo realizado por Lacy, por exemplo, mostrou que o Q.I. médio das crianças de cor teve uma queda constante de 99 para 87 nos 4 primeiros anos escolares, enquanto o Q.I. dos brancos permaneceu quase estacionário." Otto Klineberg, "Mental Testing of Racial and National Groups", *Scientif ic Aspects of the Race Problem*, editado por Herbert Spencer Jennings (Washington: Catholic University Press, 1941), p. 280.

66. Lester R. Wheeler,"A Comparative Study of the Intelligence of East Tennessee Mountain Children", *Journal of Educational Psychology*, vol. XXXIII, n. 5 (May 1942), p. 322.

67. Ibid., pp. 327–328.

68. Ellen Churchill Semple, *Influences of Geographic Environment*, p. 532.

69. Veja, por exemplo, J. R. McNeill, *The Mountains of the Mediterranean World*, pp. 27, 44, 46, 104, 110, 142–143; Ellen Churchill Semple, *Influences of Geographic Environment*, pp. 521–522, 530–531, 599–600; Fernand Braudel, *The Mediterranean and the Mediterranean World in the Age of Philip II*, traduzido por Siân Reynolds, vol. I, pp. 38, 46, 57, 97; Rupert B. Vance, *Human Geography of the South*, pp. 242, 246–247; Edward C. Banfield, *The Moral Basis of a Backward Society*; J. D. Vance, *Hillbilly Elegy*. Veja também James N. Gregory, *The Southern Diaspora*, p. 76.

70. Sandra Scarr e Richard A. Weinberg, "IQ Test Performance of Black Children Adopted by White Families", *American Psychologist* (out. 1976), pp. 726–739.

71. Linda O. McMurry, *George Washington Carver: Scientist and Symbol* (Nova York: University of Oxford Press, 1981), pp. 8–9, 12–20.

72. Carl C. Brigham, *A Study of American Intelligence*, p. 190.

73. H. H. Goddard, "The Binet Tests in Relation to Immigration", *Journal of Psycho-Asthenics*, vol. 18, n. 2 (dez. 1913), p. 110.

74. Jonathan Peter Spiro, *Defending the Master Race: Conservation, Eugenics, and the Legacy of Madison Grant* (Burlington: University of Vermont Press, 2009), p. 98.

75. Thomas C. Leonard, "Eugenics and Economics in the Progressive Era", *Journal of Economic Perspectives*, vol. 19, n. 4 (set.-nov. 2005), p. 211.

76. Jonathan Peter Spiro, *Defending the Master Race*, p. 99.

77. Edward Alsworth Ross, *The Old World in the New: The Significance of Past and Present Immigration to the American People* (Nova York: The Century Company, 1914), pp. 285–286.

78. Edward Alsworth Ross, "Who Outbreeds Whom?", *Proceedings of the Third Race Betterment Conference* (Battle Creek, Michigan: Race Betterment Foundation, 1928), p. 77.

79. John L. Gillin, "In Memoriam: Edward Alsworth Ross", *The Midwest Sociologist*, vol. 14, n. 1 (set.-nov. 1951), p. 18; Howard W. Odum, "Edward Alsworth Ross: 1866–1951", *Social Forces*, vol. 30, n. 1 (out. 1951), p. 126.

80. Edward Alsworth Ross, *Sin and Society: An Analysis of Latter-Day Iniquity* (Boston: Houghton-Mifflin Company, 1907), pp. ix–xi.

81. Julius Weinberg, *Edward Alsworth Ross and the Sociology of Progressivism* (Madison: The State Historical Society of Wisconsin, 1972), p. 136.

82. Veja, por exemplo, Roscoe Pound, "The Theory of Judicial Decision. III. A Theory of Judicial Decision For Today", *Harvard Law Review*, vol. 36, n. 8 (June 1923), pp. 940–959; Roscoe Pound, *Law and Morals* (Chapel Hill, North Carolina: The University of North Carolina Press, 1924); Roscoe Pound, *Criminal Justice in The American City — A Summary*, Parte VII (Cleveland Foundation, 1922). Veja também Julius Weinberg, *Edward Alsworth Ross and the Sociology of Progressivism*, pp. 136–137. Veja também Walter K. Olson, *Schools for Misrule: Legal Academia and an Overlawyered America* (Nova York: Encounter Books, 2011), pp. 6, 40; Robert Heineman, *Authority and the Liberal Tradition: From Hobbes to Rorty* (New Brunswick, Nova Jersey: Transaction Publishers, 1994), 2ª edição, pp. 129–131; James Davids, Erik Gustafson e Sherena Arrington, *Clashing Worldviews in the U.S. Supreme Court: Rehnquist vs. Blackmun* (Lanham, Maryland: Lexington Books, 2020), pp. 41–42; David M. Rabban, *Law's History: American Legal Thought and the Transatlantic Turn to History* (Nova York: University of Cambridge Press, 2013), pp. 423–471.

83. "Dr. R. T. Ely Dies; Noted Economist", *New York Times*, 5 out. 1943, p. 25; Veja Thomas Sowell, *Intellectuals and Race* (Nova York: Basic Books, 2013), pp. 31, 33–35.

84. Thomas Sowell, *Intellectuals and Race*, pp. 29–30, 33–35; Lawrence J. Rhoades, *A History of the American Sociological Association: 1905–1980* (Washington: American Sociological Association,1980), pp. 1–2, 5; William E. Spellman,"The Economics of Edward Alsworth Ross", *American Journal of Economics and Sociology*, vol. 38, n. 2 (abr. 1979), pp. 132–133.

85. Thomas Sowell, *Intellectuals and Race*, pp. 29–31, 33,–35.

86. Ibid., pp. 29–35.

87. Michael S. Lawlor, *The Economics of Keynes in Historical Context: An Intellectual History of the General Theory* (Nova York: Palgrave Macmillan, 2006), p. 305n.

88. Thomas Sowell, *Intellectuals and Race,* pp. 24–43.

89. Carl N. Degler, *In Search of Human Nature: The Decline and Revival of Darwinism in American Social Thought* (Nova York: University of

Oxford Press, 1991), p. 43; Richard Overy, *The Twilight Years: The Paradox of Britain Between the Wars* (Nova York: Viking, 2009), pp. 104–105.

90. Thomas C. Leonard, "Eugenics and Economics in the Progressive Era", *Journal of Economic Perspectives*, vol. 19, n. 4 (set.-nov. 2005), p. 216.

91. "Obituary: Sir Francis Galton", *Journal of the Royal Statistical Society*, vol. 74, n. 3 (fev. 1911), p. 315; Mark H. Haller, *Eugenics: Hereditarian Attitudes in American Thought* (New Brunswick: Rutgers University Press, 1963), p. 11.

92. Richard T. Ely, "The Price of Progress", *Administration*, vol. III, n. 6 (jun. 1922), p. 662.

93. Thomas C. Leonard, "Eugenics and Economics in the Progressive Era", *Journal of Economic Perspectives*, vol. 19, n. 4 (set.-nov. 2005), p. 212.

94. Ibid., p. 213.

95. Ibid., p. 214.

96. Madison Grant, *The Passing of the Great Race or the Racial Basis of European History*, edição revisada, p. xxi.

97. Ibid., p. 49.

98. Matthew Pratt Guterl, *The Color of Race in America: 1900–1940* (Cambridge, Massachusetts: University of Harvard Press, 2001), p. 67.

99. Sidney Fine, "Richard T. Ely, Forerunner of Progressivism, 1880–1901", *Mississippi Valley Historical Review*, vol. 37, n. 4 (mar. 1951), pp. 609–610.

100. Dr. R. T. Ely Dies; Noted Economist", *New York Times*, 5 out. 1943, p. 25; Sidney Fine, "Richard T. Ely, Forerunner of Progressivism, 1880–1901", *Mississippi Valley Historical Review*, vol. 37, n. 4 (mar. 1951), pp. 613–614.

101. Henry C. Taylor, "Richard Theodore Ely: April 13, 1854-October 4, 1943", *The Economic Journal*, vol. 54, n. 213 (abr. 1944), p. 137.

102. Thomas C. Leonard, "Eugenics and Economics in the Progressive Era", *Journal of Economic Perspectives*, vol. 19, n. 4 (set.-nov. 2005), p. 215.

103. Henry C. Taylor, "Richard Theodore Ely: April 13, 1854-October 4, 1943", *The Economic Journal*, vol. 54, n. 213 (abr. 1944), p. 133.

104. Jonah Goldberg, *Liberal Fascism: The Secret History of the American Left from Mussolini to the Politics of Meaning* (Nova York: Doubleday, 2007), p. 83.

105. Arthur S. Link, *Woodrow Wilson and the Progressive Era: 1910– 1917* (Nova York: Harper & Brothers Publishers, 1954), pp. 64–66; Tom Lewis, *Washington: A History of Our National City* (Nova York: Basic Books, 2015), pp. 272–275.

106. Lloyd E. Ambrosius, *Woodrow Wilson and American Internationalism* (Nova York: University of Cambridge Press, 2017), p. 80.

107. Larry Walker, "Woodrow Wilson, Progressive Reform, and Public Administration", *Political Science Quarterly*, vol. 104, n. 3 (set.-nov. 1989), pp. 512–513; Ronald J. Pestritto, *Woodrow Wilson and the Roots of Modern Liberalism* (Lanham, Maryland: Rowman & Little-field, 2005), pp. 255, 259–260; Woodrow Wilson, *The State: Elements of Historical and Practical Politics*, edição revisada (Boston: D.C. Hea-th & Co., Publishers, 1898), p. 625; Woodrow Wilson, *The New Fre-edom: A Call for the Emancipation of the Generous Energies of a People* (Nova York: Doubleday, Page & Company, 1913, 1918), pp. 20, 284.

108. Woodrow Wilson, *Congressional Government: A Study in American Politics* (Boston: Houghton Mifflin, 1885), pp. 8, 242–243; Woo-drow Wilson, *Constitutional Government in the United States* (Nova York: University of Columbia Press, 1908), pp. 157–160, 167–169, 192–194.

109. Woodrow Wilson, *The New Freedom*, pp. 19, 20, 261, 283, 284, 294.

110. Veja, por exemplo, Angus Deaton, *The Great Escape: Health, Wealth, and the Origins of Inequality* (Princeton: University of Princeton Press, 2013), p. 2. Veja também Robert A. Dahl e Charles E. Lindblom, *Po-litics, Economics, and Welfare: Planning and Politico-Economic Systems Resolved into Basic Social Processes* (Chicago: University of Chicago Press, 1976), pp. 29, 36, 49, 425, 518.

111. Edward Alsworth Ross, *Seventy Years of It,* pp. 97–98.

112. Roscoe Pound, "The Need of a Sociological Jurisprudence", *The Green Bag*, out. 1907, pp. 614–615.

113. Jonathan Peter Spiro, *Defending the Master Race*, pp. 6, 10, 17, 22–23, 28, 31–32.

114. Ibid., p. 17.

115. Ibid., p. 250.

116. Eligio R. Padilla e Gail E. Wyatt, "The Effects of Intelligence and Achievement Testing on Minority Group Children", *The Psychosocial Development of Minority Group Children,* editado por Gloria Johnson Powell, et al (Nova York: Brunner/Mazel, Publishers, 1983), p. 418.

117. H. H. Goddard, "The Binet Tests in Relation to Immigration", *Journal of Psycho-Asthenics*, vol. 18, n. 2 (dez. 1913), p. 110.

118. N. J. G. Pounds, *An Historical Geography of Europe* (Cambridge: University of Cambridge Press, 1990), p. 9.

119. Philip E. Vernon, *Intelligence and Cultural Environment*, pp. 101, 145, 157–158; Mandel Sherman e Cora B. Key, "The Intelligence of Isolated Mountain Children", *Child Development*, vol. 3, n. 4 (dez. 1932), p. 284; [Robert M. Yerkes,] National Academy of Sciences, *Psychological Examining in the United States Army,* vol. XV, Parte III, p. 705. Veja também Thomas Sowell, *Intellectuals and Race*, pp. 67–68.

120. I. M. Stead, *Celtic Art in Britain before the Roman Conquest* (Cambridge, Massachusetts: University of Harvard Press, 1985), p. 4.

121. Luigi Barzini, *The Europeans* (Nova York: Simon and Schuster, 1983), p. 47.

122. Joel Mokyr, *The Lever of Riches: Technological Creativity and Economic Progress* (Nova York: University of Oxford Press, 1990), pp. 210–211, 214–218.

123. Andrew Tanzer, "The Bamboo Network", *Forbes*, 8 jul. 1994, p. 139; The Economist, *Pocket World in Figures: 1997 Edition* (Londres: Profile Books, 1996), p. 14.

124. Escritório do Censo dos EUA, "Total Population", *2011–2015 American Community Survey*, Estimativas de 5 anos, Tabela B01003; Escritório do Censo dos EUA, "Median Household Income in the Past 12 Months (In 2015 Inflation-Adjusted Dollars)", *2011–2015 American Community Survey*, Estimativas de 5 anos, Tabela B19013; Escritório do Censo dos EUA, *2020 Poverty and Median Household Income Estimates — Counties, States, and National,* Small Area Income and Poverty Estimates (SAIPE) Program, data de lançamento: dez. 2021; Escritório do Censo dos EUA, "QuickFacts" for the following counties in Kentucky: Breathitt, Clay, Jackson, Lee, Leslie, Mogoffin, and Owsley, baixado em 15 nov. 2022 e 12 jan. 2023; Emily A. Shrider, Melissa Kollar, Frances Chen e Jessica Semega, "Income and Poverty in the United States: 2020", *Current Population Reports*, P60–273, p. 27. Veja também Brett Barrouquere e Dylan T. Lovan, "Kentucky

County Feels Food Stamp Reductions Sharply", *Washington Post*, 2 fev. 2014, p. A5; Annie Lowrey, "Bluegrass-State Blues," *New York Times Magazine*, 29 jun. 2014, p. 13.

125. Carl C. Brigham, *A Study of American Intelligence*, p. 29.

126. Ibid., p. xx.

127. Carl C. Brigham, "Intelligence Tests of Immigrant Groups", *Psychological Review*, vol. 37, ed. 2 (mar. 1930), p. 165.

128. Rudolf Pintner, *Intelligence Testing: Methods and Results*, nova edição (Nova York: Henry Holt and Company, 1931), p. 453; Charles Murray, *Human Accomplishment: The Pursuit of Excellence in the Arts and Sciences, 800 B.C. to 1950* (Nova York: HarperCollins, 2003), pp. 291–292; Malcolm Gladwell, "Getting In", *The New Yorker,* 10 out. 2005, pp. 80–86.

129. Sandra Scarr e Richard A. Weinberg, "IQ Test Performance of Black Children Adopted by White Families", *American Psychologist* (out. 1976), pp. 726, 732, 736.

130. James R. Flynn, "Massive IQ Gains in 14 Nations: What IQ Tests Really Measure", *Psychological Bulletin*, vol. 101, n. 2 (1987), pp. 171–191. Veja também James R. Flynn,"The Mean IQ of Americans: Massive Gains 1932 to 1978", *Psychological Bulletin*, vol. 95, n. 1 (1984), pp. 29–51.

131. Como os testes de QI eram usados com frequência para avaliar o nível mental das crianças — e não seria realista esperar que as de 6 anos se saíssem tão bem nesses testes quanto as de 12 anos —, o desempenho de cada criança é comparado ao desempenho médio de crianças da mesma idade. Para fazer isso, a pontuação bruta de cada uma em um teste de QI foi chamada de "idade mental" da criança. Essa idade mental é, então, comparada à idade cronológica da mesma, por meio da criação de uma fração, com a idade mental dela dividida por sua idade cronológica. O quociente resultante é, portanto, multiplicado por 100, de modo que o "quociente de inteligência" (QI) resultante pode ser lido como a porcentagem do desempenho médio de crianças da mesma idade. Assim, um QI de 85 significa que o indivíduo respondeu corretamente a 85% das perguntas que foram respondidas por outros da mesma faixa etária, e um QI de 115 indica que o indivíduo respondeu corretamente a 15% mais perguntas do que outros da mesma faixa etária. Para adultos, a pontuação do teste de QI não está mais diretamente relacionada à idade, mas o quociente de inteli-

gência de determinado indivíduo é comparado ao de outros adultos em geral.

132. Lisa H. Trahan et al., "The Flynn Effect: A Meta-Analysis", *Psychological Bulletin*, vol. 140, n. 5 (2014), pp. 1332–1360; James R. Flynn, "The Mean IQ of Americans: Massive Gains 1932 to 1978", *Psychological Bulletin*, vol. 95, n. 1 (1984), pp. 29–51.

133. James R. Flynn, *Where Have All the Liberals Gone? Race, Class, and Ideals in America* (Cambridge: University of Cambridge Press, 2008), pp. 72–74.

134. Charles Murray, *Facing Reality: Two Truths About Race in America* (Nova York: Encounter Books, 2021), p. 38.

135. Gunnar Myrdal, *An American Dilemma: The Negro Problem and Modern Democracy* (Nova York: Harper & Brothers, 1944), p. 99. A crença de que a inferioridade mental inata das crianças negras havia sido comprovada foi relatada como "uma falácia comum" por James B. Conant em 1961. James B. Conant, *Slums and Suburbs: A Commentary on Schools in Metropolitan Areas* (Nova York: McGraw-Hill, 1961), p. 12.

136. Arthur R. Jensen, *Genetics and Education* (Nova York: Harper & Row, 1972), pp. 43–44.

137. James R. Flynn, "The Mean IQ of Americans: Massive Gains 1932 to 1978", *Psychological Bulletin*, vol. 95, n. 1 (1984), pp. 29–51; James R. Flynn, *Where Have All the Liberals Gone?*, pp. 72–74; James R. Flynn, "Massive IQ Gains in 14 Nations: What IQ Tests Really Measure", *Psychological Bulletin*, vol. 101, n. 2 (1987), pp. 171–191.

138. Rochelle Sharpe,"Losing Ground: In Latest Recession, Only Blacks Suffered Net Employment Loss", *Wall Street Journal*, 14 set. 1993, pp. A1, A12.

139. Glenn B. Canner et al.,"Home Mortgage Disclosure Act: Expanded Data on Residential Lending", *Federal Reserve Bulletin*, nov. 1991, p. 870; Glenn B. Canner e Dolores S. Smith, "Expanded HMDA Data on Residential Lending: One Year Later", *Federal Reserve Bulletin*, nov.1992, p. 808.

140. Conselho de Governadores do Sistema da Reserva Federal, *Report to the Congress on Credit Scoring and Its Effects on the Availability and Affordability of Credit*, apresentado ao Congresso de acordo com a Seção 215 da Fair and Accurate Credit Transactions Act de 2003, ago. 2007, p. 80.

141. Thomas Sowell, *The Housing Boom and Bust*, edição revisada (Nova York: Basic Books, 2009), pp. 103–104; Alicia H. Munnell et al., "Mortgage Lending in Boston: Interpreting HMDA Data", Federal Reserve Bank of Boston, documento de trabalho nº 92–7, out. 1992, pp. 2, 25.

142. Thomas Sowell, *The Housing Boom and Bust*, edição revisada, pp. 29–31, 36–44, 48, 51, 72–74, 77, 81–82, 100, 109.

143. Thomas Sowell, "Froth in Frisco or Another Bubble?", *Wall Street Journal*, 26 mai. 2005, p. A13.

144. Thomas Sowell, *The Housing Boom and Bust*, edição revisada, Capítulos 3 e 5; Dean Baker, *The Housing Bubble and the Great Recession: Ten Years Later*, Center for Economic and Policy Research, set. 2018; Justin Lahart, "The Great Recession: A Downturn Sized Up", *Wall Street Journal*, 28 jul. 2009, p. A12; "No Place Like Home", *The Economist*, 18 jan. 2020, relatório especial sobre habitação, p. 3.

145. Bob Zelnick, *Backf ire: A Reporter's Look at Aff irmative Actionm* (Washington: Regnery Publishing, Inc., 1996), p. 330.

146. Consulte a "Dear Colleague Letter" emitida pelo Departamento de Justiça e pelo Departamento de Educação dos EUA em 8 de janeiro de 2014.

147. Abigail Thernstrom and Stephan Thernstrom, *No Excuses: Closing the Racial Gap in Learning* (Nova York: Simon and Schuster, 2004), pp. 138–139.

148. Ibid., p. 140.

149. *The Martin Luther King, Jr. Companion: Quotations from the Speeches, Essays, and Books of Martin Luther King, Jr.*, selecionado por Coretta Scott King (Nova York: St. Martin's Press, 1993), p. 101.

CAPÍTULO 3: FALÁCIAS DAS PEÇAS DE XADREZ

1. John Rawls, *A Theory of Justice* (Cambridge, Massachusetts: University of Harvard Press, 1971), pp. 30–31, 43, 60–61, 302, 325. [Obra disponível em português com o título *Uma Teoria da Justiça*.]

2. Adam Smith, *The Theory of Moral Sentiments* (Indianapolis: Liberty Classics, 1976), pp. 380–381. [Obra disponível em português com o título *Teoria dos Sentimentos Morais*.]

3. Edmund Burke, *The Writings and Speeches of Edmund Burke*, vol. II: *Party, Parliament, and the American Crisis 1766–1774*, editado por Paul Langford (Nova York: University of Oxford Press, 1981), p. 459.
4. "Maryland's Mobile Millionaires", *Wall Street Journal*, 12 mar. 2010, p. A18.
5. "Ducking Higher Taxes", *Wall Street Journal*, 21 dez. 2010, p. A18.
6. David Walker e Mike Foster, "New U.K. Tax Sends Hedge Funds Fleeing", *Wall Street Journal*, 25 ago. 2009, p. C2.
7. "Iceland's Laffer Curve", *Wall Street Journal*, 12 mar. 2007, p. A14.
8. Andrew W. Mellon, *Taxation: The People's Business* (Nova York: The Macmillan Company, 1924), p. 74; Robert A. Wilson, "Personal Exemptions and Individual Income Tax Rates, 1913–2002", *Statistics of Income Bulletin*, mar.-maio 2002, p. 219.
9. Robert A. Wilson, "Personal Exemptions and Individual Income Tax Rates, 1913–2002", *Statistics of Income Bulletin*, mar.-maio 2002, p. 219; Gene Smiley e Richard H. Keehn, "Federal Personal Income Tax Policy in the 1920s", *Journal of Economic History*, vol. 55, n. 2 (jun. 1995), pp. 286, 295; Receita Federal dos Estados Unidos, *Statistics of Income: 1920* (Washington: Government Printing Office, 1922), p. 5; Receita Federal dos Estados Unidos, *Statistics of Income: 1928* (Washington: Government Printing Office, 1930), p. 5.
10. Andrew W. Mellon, *Taxation*, pp. 13, 79, 80, 94, 127–128, e Capítulo VIII.
11. "Text of President's Speech Elaborating His Views", *Washington Post*, 13 fev. 1924, p. 4; Andrew W. Mellon, *Taxation*, pp. 17, 20–21, 80, 150–151.
12. Andrew W. Mellon, *Taxation*, p. 170.
13. Gene Smiley e Richard H. Keehn, "Federal Personal Income Tax Policy in the 1920s", *Journal of Economic History*, vol. 55, n. 2 (jun. 1995), p. 289. Veja também Andrew W. Mellon, *Taxation*, pp. 79–80, 141.
14. Veja, por exemplo, minha monografia, "'Trickle Down Theory' and 'Tax Cuts for the Rich'" (Stanford: Hoover Institution Press, 2012).
15. Robert A. Wilson, "Personal Exemptions and Individual Income Tax Rates, 1913–2002", *Statistics of Income Bulletin*, mar.-maio 2002, p. 219; Receita Federal dos Estados Unidos, *Statistics of Income: 1920*, p. 5; Receita Federal dos Estados Unidos, *Statistics of Income: 1928*, p. 5.

16. Veja, por exemplo, Joseph A. Schumpeter, *History of Economic Analysis* (Nova York: University of Oxford Press, 1954), Parte II.
17. Henry Hazlitt, *The Wisdom of Henry Hazlitt* (Irvington-on-Hudson, Nova York: The Foundation for Economic Education, 1993), p. 329.
18. Peter Robinson, "A Capital Thinker", *Stanford Magazine*, jan.-fev. 2007, p. 47.
19. William N. Walker, "Nixon Taught Us How Not to Fight Inflation", *Wall Street Journal*, 14 ago. 2021, p. A13.
20. Michael Wines, "Caps on Prices Only Deepen Zimbabweans' Misery", *New York Times*, 2 ago. 2007, pp. A1, A8.
21. Veja, por exemplo, Robert L. Schuettinger e Eamonn F. Butler, *Forty Centuries of Wage and Price Controls: How Not to Fight Inflation* (Washington: Heritage Foundation, 1979); Thomas Sowell, *Basic Economics: A Common Sense Guide to the Economy*, 5ª edição (Nova York: Basic Books, 2015), Capítulo 3. [Obra disponível em português com o título *Economia Básica*.]
22. Veja Thomas Sowell, *Basic Economics*, 5ª ed., pp. 1, 39–49.
23. Thomas Sowell, *Discrimination and Disparities*, edição revisada e ampliada (Nova York: Basic Books, 2019), pp. 52–55, 105–110; Thomas Sowell, *Basic Economics*, 5ª ed., Capítulo 11. [Obra disponível em português com o título *Discriminação e Disparidades*.]
24. Walter E. Williams, *Race & Economics: How Much Can Be Blamed on Discrimination* (Stanford: Hoover Institution Press, 2011), p. 42.
25. Ibid., pp. 42–43.
26. George J. Stigler, "The Economics of Minimum Wage Legislation", *American Economic Review*, vol. 36, n. 3 (jun.1946), p. 358.
27. Walter E. Williams, *Race & Economics*, pp. 42–43.
28. Alison Stewart, *First Class: The Legacy of Dunbar, America's First Black Public High School* (Chicago: Lawrence Hill Books, 2013), Capítulo 10; Frederick W. Gooding, Jr., *American Dream Deferred: Back Federal Workers in Washington, DC, 1941–1981* (Pittsburgh: University of Pittsburgh Press, 2018), pp. 101–105, 107–109, 111, 113–115. Veja também Thomas Sowell, *A Personal Odyssey* (Nova York: The Free Press, 2000), p. 110.
29. Milton & Rose Friedman, *Free to Choose: A Personal Statement* (Nova York: Harcourt Brace Jovanovich, 1980), p. 238. [Obra disponível em português com o título *Liberdade para Escolher*.]

30. Gary S. Becker, *The Economics of Discrimination*, 2ª edição (Chicago: University of Chicago Press, 1971).

31. Veja, por exemplo, Thomas Sowell, *Discrimination and Disparities*, edição revisada e ampliada, pp. 49–52. O termo "Discriminação II", usado nessas páginas, foi definido e ilustrado nas páginas 30–33.

32. Bernard E. Anderson, *Negro Employment in Public Utilities: A Study of Racial Policies in the Electric Power, Gas, and Telephone Industries* (Philadelphia: University of Pennsylvania Press, 1970); Venus Green, *Race on the Line: Gender, Labor, and Technology in the Bell System, 1880–1980* (Durham: Duke University Press, 2001), pp. 210–211; Michael R. Winston, "Through the Back Door: Academic Racism and the Negro Scholar in Historical Perspective", *Daedalus*, vol. 100, n. 3 (mar.-maio 1971), pp. 695, 705; Milton & Rose Friedman, *Two Lucky People: Memoirs* (Chicago: University of Chicago Press, 1998), pp. 91–92, 94–95, 105–106, 153–154; Greg Robinson, "Davis, Allison", *Encyclopedia of African-American Culture and History*, editado por Colin A. Palmer (Detroit: Thomson-Gale, 2006), vol. C–F, p. 583; "The Talented Black Scholars Whom No White University Would Hire", *Journal of Blacks in Higher Education*, n. 58 (dez.-fev. 2007/2008), p. 81; Thomas Sowell, *Discrimination and Disparities*, edição revisada e ampliada, pp. 49–52; Thomas Sowell, *Race and Economics* (Nova York: David McKay Company, Inc., 1975), pp. 182–183.

33. Veja, por exemplo, Bernard E. Anderson, *Negro Employment in Public Utilities*, pp. 73, 80, 84–87, 92–95, 114, 139, 150, 152; Venus Green, *Race on the Line*, pp. 210–211; Michael R. Winston, "Through the Back Door: Academic Racism and the Negro Scholar in Historical Perspective", *Daedalus*, vol. 100, n. 3 (dez.-fev. 1971), pp. 695, 705; Greg Robinson, "Davis, Allison", *Encyclopedia of African-American Culture and History*, editado por Colin A. Palmer, vol. C–F, p. 583; "The Talented Black Scholars Whom No White University Would Hire", *Journal of Blacks in Higher Education*, n. 58 (dez.-fev. 2007/2008), p. 81; Thomas Sowell, *Discrimination and Disparities*, edição revisada e ampliada, pp. 49–52; Thomas Sowell, *Race and Economics*, pp. 182–183.

34. Bernard E. Anderson, *Negro Employment in Public Utilities;* Venus Green, *Race on the Line*, pp. 210–211; Michael R. Winston, "Through the Back Door: Academic Racism and the Negro Scholar in Historical Perspective", *Daedalus*, vol. 100, n. 3 (jun.-ago. 1971), pp. 695, 705; Milton & Rose Friedman, *Two Lucky People*, pp. 91–92, 94–95, 105–106, 153–154; Greg Robinson, "Davis, Allison", *Encyclopedia of African-American Culture and History*, editado por Colin A. Palmer,

vol. C–F, p. 583; "The Talented Black Scholars Whom No White University Would Hire", *Journal of Blacks in Higher Education*, n. 58 (dez.-fev. 2007/2008), p. 81; Thomas Sowell, *Discrimination and Disparities*, edição revisada e ampliada, pp. 49–52; Thomas Sowell, *Race and Economics*, pp. 182–183.

35. "The Talented Black Scholars Whom No White University Would Hire", *Journal of Blacks in Higher Education*, n. 58 (dez.-fev. 2007/2008), p. 81; Michael R. Winston, "Through the Back Door: Academic Racism and the Negro Scholar in Historical Perspective", *Daedalus*, vol. 100, n. 3 (jun.-ago. 1971), p. 705.

36. Ezra Mendelsohn, *The Jews of East Central Europe Between the World Wars* (Bloomington: Indiana University Press, 1983), pp. 23, 27.

37. Raphael Mahler, "Jews in Public Service and the Liberal Professions in Poland, 1918–1939", *Jewish Social Studies*, vol. 6, n. 4 (out. 1944), pp. 298, 299.

38. Walter E. Williams, *South Africa's War Against Capitalism* (Nova York: Praeger Publishers, 1989), pp. 78, 101–105.

39. Ibid., p. 81.

40. "Class and the American Dream", *New York Times*, 30 mai. 2005, p. A14.

41. Eugene Robinson, "Tattered Dream: Who'll Tackle the Issue of Upward Mobility?" *Washington Post,* 23 nov. 2007, p. A39.

42. E. J. Dionne, Jr., "Political Stupidity, U.S. Style", *Washington Post,* 29 jul 2010, p. A23. Essa coluna também foi publicada no *Investor's Business Daily*, com o título "Overtaxed Rich Is a Fairy Tale of Supply Side".

43. *Public Papers of the Presidents of the United States, Barack Obama: 2013* (Washington: United States Government Publishing Office, 2018), Book II, p. 1331.

44. Joseph E. Stiglitz, *The Great Divide: Unequal Societies and What We Can Do About Them* (Nova York: W.W. Norton, 2015), p. 88.

45. Ibid., p. 90.

46. Ibid., p. xv.

47. Departamento do Tesouro dos EUA, "Income Mobility in the U.S. from 1996 to 2005", 13 nov. 2007, p. 7.

48. Veja, por exemplo, W. Michael Cox e Richard Alm, "By Our Own Bootstraps: Economic Opportunity & the Dynamics of Income Dis-

tribution", *Annual Report 1995*, Federal Reserve Bank of Dallas, p. 8; Mark Robert Rank, Thomas A. Hirschl e Kirk A. Foster, *Chasing the American Dream: Understanding What Shapes Our Fortunes* (Oxford: University of Oxford Press, 2014), p. 105; Thomas A. Hirschl e Mark R. Rank, "The Life Course Dynamics of Affluence", *PLoS ONE*, 28 jan. 2015, p. 5.

49. Thomas A. Hirschl e Mark R. Rank,"The Life Course Dynamics of Affluence", *PLoS ONE*, 28 jan. 2015, p. 5.

50. W. Michael Cox e Richard Alm, "By Our Own Bootstraps: Economic Opportunity & the Dynamics of Income Distribution", *Annual Report 1995*, Federal Reserve Bank of Dallas, p. 8.

51. Ibid.

52. Ibid.

53. Departamento do Tesouro dos EUA, "Income Mobility in the U.S. from 1996 to 2005", 13 nov. 2007, p. 10. Veja também "Movin' On Up", *Wall Street Journal*, 13 nov. 2007, p. A24.

54. Niels Veldhuis et al., "The 'Poor' Are Getting Richer", *Fraser Forum*, jan.-fev. 2013, p. 25.

55. U.S. Bureau of Labor Statistics, "Consumer Expenditures Report", Relatório 1090, dez. 2020, Tabela 1, p. 12.

56. Ibid.

57. John McNeil, "Changes in Median Household Income: 1969 to 1996", *Current Population Reports*, P23–196 (Washington: U.S. Bureau of the Census, 1998), p. 1.

58. Herman P. Miller, *Income Distribution in the United States* (Washington: U.S. Government Printing Office, 1966), p. 7.

59. Louis Uchitelle, "Stagnant Pay: A Delayed Impact", *New York Times*, 18 jun. 1991, p. D2.

60. Barbara Vobejda, "Elderly Lead All in Financial Improvement", *Washington Post*, 1 set. 1998, p. A3.

61. Amy Kaslow, "Growing American Economy Leaves Middle Class Behind", *Christian Science Monitor*, 1 nov. 1994, p. 2.

62. Compare Tom Wicker, "L. B. J.'s Great Society", *New York Times*, 7 mai. 1990, p. A15; Tom Wicker, "Let 'Em Eat Swiss Cheese", *New York Times*, 2 set. 1988, p. A27.

63. Paul Krugman, "Rich Man's Recovery", *New York Times*, 13 set. 2013, p. A25.

64. Departamento do Tesouro dos EUA, "Income Mobility in the U.S. from 1996 to 2005", 13 nov. 2007, p. 4.

65. Internal Revenue Service, Divisão de Estatísticas de Renda, "The 400 Individual Income Tax Returns Reporting the Largest Adjusted Gross Incomes Each Year, 1992–2014", dez. 2016, Tabela 4, p. 17.

66. Emily A. Shrider, Melissa Kollar, Frances Chen e Jessica Semega, "Income and Poverty in the United States: 2020", *Current Population Reports,* P60–273 (Washington: U.S. Government Publishing Office, 2021), p. 9.

67. Joseph E. Stiglitz, *The Great Divide*, p. xv.

68. Alan Reynolds, *Income and Wealth* (Westport, Connecticut: Greenwood Press, 2006), p. 67.

69. Robert Rector e Rachel Sheffield, "Air Conditioning, Cable TV, and an Xbox: What Is Poverty in the United States Today?", *Backgrounder,* n. 2575, Heritage Foundation, 18 jul. 2011, p. 10.

70. Thomas A. Hirschl e Mark R. Rank,"The Life Course Dynamics of Affluence", *PLoS ONE,* 28 jan. 2015, p. 5.

71. W. Michael Cox e Richard Alm, "By Our Own Bootstraps: Economic Opportunity & the Dynamics of Income Distribution", *Annual Report 1995,* Federal Reserve Bank of Dallas, p. 16; Escritório do Censo dos EUA, "Age — All People (Both Sexes Combined) by Median and Mean Income: 1974 to 2020", *Current Population Survey 1975–2021,* Annual Social and Economic Supplements (CPS ASEC), Tabela P–10.

72. Alan Reynolds, *Income and Wealth*, p. 22.

CAPÍTULO 4: FALÁCIAS DO CONHECIMENTO

1. Veja, por exemplo, Thomas Sowell, *A Conflict of Visions: Ideological Origins of Political Struggles* (Nova York: Basic Books, 2002), Capítulo 3. [Obra disponível em português com o título *Conflito de Visões: Origens Ideológicas das Lutas Políticas*.]

2. Joses C. Moya, *Cousins and Strangers: Spanish Immigrants in Buenos Aires 1850–1930* (Berkeley: University of California Press, 1998), pp.

119, 145–146. Da mesma forma, a maioria dos imigrantes italianos na Austrália, entre 1881 e 1899, veio de lugares com apenas 10% da população da Itália. Helen Ware, *A Profile of the Italian Community in Australia* (Melbourne: Australian Institute of Multicultural Affairs and Co.As.It. Italian Assistance Association, 1981), p. 12.

3. Helen Ware, *A Profile of the Italian Community in Australia*, p. 12.
4. G. Cresciani, "Italian Immigrants 1920–1945", *The Australian People: An Encyclopedia of the Nation, Its People and Their Origins,* editado por James Jupp (Cambridge: University of Cambridge Press, 2001), p. 501.
5. Walter D. Kamphoefner, "The German Agricultural Frontier: Crucible or Cocoon", *Ethnic Forum,* vol. 4, n. 1–2 (mar.-maio 1984), pp. 24–25.
6. Theodore Huebener, *The Germans in America* (Philadelphia: Chilton Company, 1962), p. 84; Hildegard Binder Johnson, "The Location of German Immigrants in the Middle West", *Annals of the Association of American Geographers*, editado por Henry Madison Kendall, vol. XLI (1951), pp. 24–25.
7. Jack Chen, *The Chinese of America* (São Francisco: Harper & Row, 1980), p. 18.
8. Louise L'Estrange Fawcett, "Lebanese, Palestinians and Syrians in Colombia", *The Lebanese in the World: A Century of Emigration,* editado por Albert Hourani e Nadim Shehadi (Londres: The Centre for Lebanese Studies, 1992), p. 368.
9. Moses Rischin, *The Promised City: New York's Jews 1870–1914* (Cambridge, Massachusetts: University of Harvard Press, 1962), pp. 76, 78.
10. Tyler Anbinder, *City of Dreams: The 400-Year Epic History of Immigrant New York* (Boston: Houghton Mifflin Harcourt, 2016), p. 185.
11. Charles A. Price, *The Methods and Statistics of 'Southern Europeans in Australia'* (Canberra: The Australian National University, 1963), p. 45.
12. John Rawls, *A Theory of Justice* (Cambridge, Massachusetts: University of Harvard Press, 1971), pp. 30–31, 43, 60–61, 302, 325. [Obra disponível em português com o título *Uma Teoria da Justiça*.]
13. Frederick Jackson Turner, "Pioneer Ideals and the State University", *Rereading Frederick Jackson Turner: "The Significance of the Frontier in American History" and Other Essays*, editado por John Mack Faragher (Nova York: Henry Holt, 1994), p. 116.

14. F.A. Hayek, *The Constitution of Liberty* (Chicago: University of Chicago Press, 1960), p. 26. [Obra disponível em português com o título *Os Fundamentos da Liberdade.*]

15. John Rawls, *A Theory of Justice*, pp. 30–31, 43, 60–61, 302, 325.

16. Ibid.

17. Veja John Dewey, "Can Education Share in Social Reconstruction?" *John Dewey: The Later Works 1925–1953*, vol. 9: *1933–1934*, editado por Jo Ann Boydston (Carbondale: Southern Illinois University Press, 1986), pp. 205–209.

18. Jean-Jacques Rousseau, *The Social Contract*, traduzido por Maurice Cranston (Nova York: Penguin Books, 1968), p. 69. [Obra disponível em português com o título *O Contrato Social.*]

19. William Godwin, *Enquiry Concerning Political Justice, and Its Influence on General Virtue and Happiness* (Londres: G.G.J. and J. Robinson, 1793). O termo "política", no título, foi usado no sentido comum na época, referindo-se à sociedade organizada — a política —, da mesma forma que a expressão "economia política", nessa época, referia-se à economia da sociedade ou política, diferentemente da de uma casa ou empresa. Resumindo, Godwin escreveu sobre justiça social como esse termo é usado atualmente.

20. William Godwin, *Enquiry Concerning Political Justice, and Its Influence on Morals and Happiness*, editado por F.E.L. Priestley (Toronto: University of Toronto Press, 1946), vol. I, p. 104.

21. John Stuart Mill, *Principles of Political Economy*, editado por W.J. Ashley (Nova York: Longmans, Green and Company, 1909), p. 947.

22. John Stuart Mill, "On Liberty," *Collected Works of John Stuart Mill*, Vol. XVIII: *Essays on Politics and Society*, edited by J.M. Robson (Toronto: University of Toronto Press, 1977), p. 269. [Obra disponível em português com o título *Sobre a Liberdade.*]

23. John Stuart Mill, "Civilization", ibid., p. 139.

24. Ibid., p. 121.

25. John Stuart Mill, "De Tocqueville on Democracy in America [I]", ibid., p. 86.

26. John Stuart Mill, "On Liberty", ibid., p. 222. [Obra disponível em português com o título *Sobre a Liberdade.*]

27. Ibid. p. 267.
28. John Stuart Mill, "Civilization", ibid., p. 128.
29. Randall E. Stross, *The Wizard of Menlo Park: How Thomas Alva Edison Invented the Modern World* (Nova York: Crown, 2007), p. 4; Ford Richardson Bryan, *Beyond the Model T: The Other Ventures of Henry Ford*, edição revisada (Detroit: Wayne State University Press, 1997), p. 175.
30. Peter L. Jakab, *Visions of a Flying Machine: The Wright Brothers and the Process of Invention* (Washington: Smithsonian Institution Press, 1990), pp. 2–3, 7.
31. Jean-Jacques Rousseau, *The Social Contract*, traduzido por Maurice Cranston, p. 115. [Obra disponível em português com o título *O Contrato Social*.]
32. Ibid., p. 89.
33. William Godwin, *Enquiry Concerning Political Justice, and Its Influence on Morals and Happiness*, editado por F.E.L. Priestley, vol. I, p. 446; Antoine-Nicolas de Condorcet, *Sketch for a Historical Picture of the Progress of the Human Mind*, traduzido por June Barraclough (Londres: Weidenfeld and Nicolson, 1955), p. 114.
34. Karl Marx e Frederick Engels, *Selected Correspondence: 1846– 1895* (Nova York: International Publishers, 1942), p. 190.
35. Bernard Shaw, *The Intelligent Woman's Guide to Socialism and Capitalism* (Londres: Constable and Company, 1928), p. 456.
36. Ronald Dworkin, *Taking Rights Seriously* (Cambridge, Massachusetts: University of Harvard Press, 1978), p. 239.
37. Mona Charen, *Do-Gooders: How Liberals Hurt Those They Claim to Help — and the Rest of Us* (Nova York: Sentinel, 2004), p. 124.
38. Ralph Nader, "The Safe Car You Can't Buy", *The Nation*, 11 abr., 1959, p. 312.
39. Milton & Rose Friedman, *Two Lucky People: Memoirs* (Chicago: University of Chicago Press, 1998), p. 454.
40. George J. Stigler, *Memoirs of an Unregulated Economist* (Nova York: Basic Books, 1988), p. 89.
41. Ibid., p. 178.
42. Milton & Rose Friedman, *Two Lucky People*, pp. 370–371.

43. John Maynard Keynes, *Two Memoirs: Dr. Melchoir, A Defeated Enemy and My Early Beliefs* (Londres: Rupert Hart-Davis, 1949), pp. 97–98.
44. Ibid., p. 98.
45. R.F. Harrod, *The Life of John Maynard Keynes* (Londres: Macmillan, 1952), p. 468.
46. Walter E. Weyl, *The New Democracy: An Essay on Certain Political and Economic Tendencies in the United States* (Nova York: The Macmillan Company, 1912), pp. 164, 353.
47. Ibid., p. 164.
48. Walter E. Williams, *Race & Economics: How Much Can Be Blamed on Discrimination* (Stanford: Hoover Institution Press, 2011), pp. 42–43.
49. Ibid.
50. Ibid., p. 43.
51. Nicholas Kristof, "Is a Hard Life Inherited?", *New York Times,* 10 ago. 2014, seção da Sunday Review, p. 1.
52. Veja, por exemplo, Thomas Sowell, *Basic Economics: A Common Sense Guide to the Economy,* 5ª edição (Nova York: Basic Books, 2015), Capítulo 11; Thomas Sowell, *Discrimination and Disparities*, edição revisada e ampliada (Nova York: Basic Books, 2019), pp. 52–55, 105–110; P.T. Bauer, "Regulated Wages in Under- developed Countries", *The Public Stake in Union Power*, editado por Philip D. Bradley (Charlottesville: University of Virginia Press, 1959), pp. 324–349; Walter E. Williams, *Race & Economics*, pp. 32–38, 46–48, 51–53.
53. "Economic and Financial Indicators", *The Economist*, 15 mar. 2003, p. 100.
54. "Economic and Financial Indicators", *The Economist*, 7 set. 2013, p. 92.
55. "Hong Kong's Jobless Rate Falls", *Wall Street Journal*, 16 jan. 1991, p. C16.
56. Escritório do Censo dos EUA, *Historical Statistics of the United States: Colonial Times to 1970* (Washington: Government Printing Office, 1975), Parte 1, p. 126.
57. Charles H. Young e Helen R. Y. Reid, *The Japanese Canadians* (Toronto: University of Toronto Press, 1938), pp. 47–50; Tomoko Makabe, "The Theory of the Split Labor Market: A Comparison of the Japa-

nese Experience in Brazil and Canada", *Social Forces*, mar. 1981, pp. 795, 796.

58. Walter E. Williams, *South Africa's War Against Capitalism* (Nova York: Praeger Publishers, 1989), pp. 70–74; Walter E. Williams, *Race & Economics*, pp. 46–48; Walter E. Williams, *The State Against Blacks* (Nova York: New Press, 1982), pp. 39–40.

59. P.T. Bauer, "Regulated Wages in Under-developed Countries", *The Public Stake in Union Power*, editado por Philip D. Bradley, pp. 324–349; Walter E. Williams, *Race & Economics*, pp. 32–38. Para uma discussão mais geral sobre as leis de salário mínimo e seus efeitos sobre o desemprego, consulte Thomas Sowell, *Basic Economics*, 5ª edição, pp. 213–215, 220–233; Thomas Sowell, *Discrimination and Disparities*, edição revisada e ampliada, pp. 52–55, 105–110.

60. Yuka Hayashi e Lalita Clozel, "CFPB Reveals Its Plan to Overhaul Payday-Lending Regulation", *Wall Street Journal*, 7 fev. 2019, p. B11.

61. Para mais exemplos, veja os seguintes editoriais do *New York Times*: "391 Percent Payday Loan", 13 abr. 2009, p. A20, "Pay Pals", 10 jun. 2009, p. A28, e "Borrowers Bled Dry", 13 jul. 2009, p. A18.

62. Veja, por exemplo, "Payday Parasites", *Washington Post*, 14 fev. 2008, p. A24; Bethany McLean, "Loan Shark Inc.", *The Atlantic Monthly*, maio 2016, pp. 64–69; "A Crackdown on Predatory Payday Loans", *Los Angeles Times*, 9 out. 2017, p. A13; "Payday Lenders, Unleashed", *Los Angeles Times*, 8 fev. 2019, p. A10.

63. Irving Howe, *World of Our Fathers: The Journey of the East European Jews to America and the Life They Found and Made* (Nova York: Harcourt Brace Jovanovich, 1976), p. 148.

64. Simon Kuznets,"Immigration of Russian Jews to the United States: Background and Structure", *Perspectives in American History*, editado por Donald Fleming e Bernard Bailyn (Cambridge, Massachusetts: Charles Warren Center for Studies in American History, University of Harvard, 1975), vol. IX, p. 113.

65. Oliver MacDonagh, "The Irish Famine Emigration to the United States", *Perspectives in American History*, editado por Donald Fleming e Bernard Bailyn (Cambridge, Massachusetts: Charles Warren Center for Studies in American History, University of Harvard, 1976), vol. X, pp. 394–395.

66. Walter E. Weyl, *The New Democracy*, p. 164.

67. Senado dos Estados Unidos, 89º Congresso, Segunda Sessão, *Family Planning Program: Hearing Before the Subcommittee on Employment, Manpower and Poverty of the Committee on Labor and Public Welfare* (Washington: U. S. Government Printing Office, 1966), p. 84.

68. O *New York Times* rejeitou editorialmente as "emoções e a tradição não analisada" nessa área, e seu editor de educação declarou: "Temer que a educação sexual se torne sinônimo de uma maior permissividade sexual é não entender o propósito fundamental de todo o empreendimento." Fred M. Hechinger, "Introduction", *Sex Education and the Schools*, editado por Virginia Hilu (Nova York: Harper & Row, 1967), p. xiv. Veja também "Three's a Crowd", *New York Times*, 17 mar. 1972, p. 40.

69. The American Social Health Association, *Today's VD Control Problem* (Nova York: American Social Health Association, 1966), Tabela 1, p. 20.

70. Jacqueline R. Kasun, *The War Against Population: The Economics and Ideology of World Population Control* (San Francisco: Ignatius Press, 1988), p. 142.

71. Hearings Before the Select Committee on Population, Ninety-Fifth Congress, Second Session, *Fertility and Contraception in America: Adolescent and Pre-Adolescent Pregnancy* (Washington: U.S. Government Printing Office, 1978), Volume II, p. 253.

72. Centros de Controle e Prevenção de Doenças, Departamento de Saúde e Serviços Humanos dos EUA, *Sexually Transmitted Disease Surveillance 2019* (abr. 2021), p. 33.

73. Jacqueline R. Kasun, *The War Against Population*, pp. 142, 144.

74. Centros de Controle e Prevenção de Doenças, Departamento de Saúde e Serviços Humanos dos EUA, "Births to Teenagers in the United States, 1940–2000", *National Vital Statistics Reports*, vol. 49, n. 10 (25 set. 2001), Tabela 1, p. 10.

75. Ibid. Veja, também, os gráficos na página 2.

76. Marvin Zelnik e John F. Kantner, "Sexual and Contraceptive Experience of Young Unmarried Women in the United States, 1976 and 1971", *Family Planning Perspectives*, vol. 9, n. 2 (mar.-abr. 1977), p. 56.

77. Suzanne Fields, "'War' Pits Parents vs. Public Policy", *Chicago Sun-Times*, 17 out. 1992, p. 19.

78. Ibid.

79. James Hottois e Neal A. Milner, *The Sex Education Controversy: A Study of Politics, Education, and Morality* (Lexington, Massachusetts: Lexington Books, 1975), p. 6.

80. Veja, por exemplo, Audiências perante o Comitê Seleto de População, 95° Congresso, Segunda Sessão *Fertility and Contraception in America*, vol. II, pp. 1, 2; Paul A. Reichelt e Harriet H. Werley, "Contraception, Abortion and Venereal Disease: Teenagers' Knowledge and the Effect of Education", *Family Planning Perspectives*, vol. 7, n. 2 (mar.--abr. 1975), pp. 83–88; Les Picker, "Human Sexuality Education: Implications for Biology Teaching", *The American Biology Teacher*, vol. 46, n. 2 (fev. 1984), pp. 92–98.

81. Audiências perante o Comitê Seleto de População, 95° Congresso, Segunda Sessão, *Fertility and Contraception in America*, vol. II, p. 625.

82. William Godwin, *Enquiry Concerning Political Justice, and Its Influence on Morals and Happiness*, editado por F.E.L. Priestley, vol. I, p. 47.

83. William Godwin, *The Enquirer: Reflections on Education, Manners, and Literature* (Londres: G. G. and J. Robinson, 1797), p. 70.

84. Woodrow Wilson, "What is Progress?", *American Progressivism: A Reader*, editado por Ronald J. Pestritto e William J. Atto (Lanham, Maryland: Lexington Books, 2008), p. 48.

85. John Dewey, *Democracy and Education: An Introduction to the Philosophy of Education* (Nova York: The Macmillan Company, 1916), p. 92.

86. John Dewey e Evelyn Dewey, *Schools of To-Morrow* (Nova York: E.P. Dutton & Company, 1915), p. 304.

87. John Dewey, *Democracy and Education*, p. 24.

88. Veja, por exemplo, Robert B. Westbrook, "Schools for Industrial Democrats: The Social Origins of John Dewey's Philosophy of Education", *American Journal of Education*, vol. 100, n. 4 (ago. 1992), pp. 401–419.

89. Woodrow Wilson, "The Study of Administration", *Political Science Quarterly*, vol. 2, n. 2 (jun. 1887), p. 207.

90. Ibid., p. 208.

91. Ibid., p. 214.

92. Ronald J. Pestritto e William J. Atto, "Introduction to American Progressivism", *American Progressivism*, editado por Ronald J. Pestritto e William J. Atto, pp. 23–25.

93. Woodrow Wilson, *The New Freedom: A Call for the Emancipation of the Generous Energies of a People* (Nova York: Doubleday, Page & Company, 1918, 1913), pp. vii–viii, 294. Veja, também, as páginas 19–20, 261, 283–284.

94. Ibid., p. v.

95. Ramsey Clark, *Crime in America: Observations On Its Nature, Causes, Prevention and Control* (Nova York: Simon and Schuster, 1970), p. 60.

96. Robert A. Dahl e Charles E. Lindblom, *Politics, Economics, and Welfare: Planning and Politico-Economic Systems Resolved into Basic Social Processes* (Chicago: University of Chicago Press, 1976), p. 36.

97. Ibid., p. 29.

98. Angus Deaton, *The Great Escape: Health, Wealth, and the Origins of Inequality* (Princeton: University of Princeton Press, 2013), p. 2.

99. John Dewey, "Freedom and Culture", *John Dewey: The Later Works, 1925–1953*, vol. 13: *1938–1939*, editado por Jo Ann Boydston (Carbondale: Southern Illinois University Press, 1988), p. 65.

100. Ibid.

101. Ibid., p. 66.

102. John Dewey, *Reconstruction in Philosophy* (Nova York: Henry Holt and Company, 1920), p. 145.

103. John Dewey, *Democracy and Education*, p. 92.

104. Ibid., p. 369.

105. John Dewey, "Liberalism and Social Action", *John Dewey: The Later Works, 1925–1953*, vol. 11: *1935–1937*, editado por Jo Ann Boydston (Carbondale: Southern Illinois University Press, 1987), p. 53.

106. John Dewey e Evelyn Dewey, *Schools of To-Morrow*, p. 109.

107. Roscoe Pound, "The Need of a Sociological Jurisprudence", *The Green Bag*, out. 1907, pp. 614, 615.

108. Roscoe Pound, *Criminal Justice in the American City: A Summary* (The Cleveland Foundation, 1922), Parte VII, pp. 4, 13–14, 29–31; Roscoe Pound, *Law and Morals* (Chapel Hill: North Carolina University Press, 1924), pp. ii, iii, 6, 33, 44, 59.

109. Roscoe Pound, *Law and Morals*, pp. 13–14.

110. Roscoe Pound, *The Ideal Element in Law* (Indianapolis: Liberty Fund, 2002), pp. 19, 45, 104, 108, 110, 207, 258–259, 313.

111. Roscoe Pound, *Criminal Justice in the American City*, Parte VII, pp. 5, 51; Roscoe Pound, "The Theory of Judicial Decision. III. A Theory of Judicial Decision for Today", *Harvard Law Review*, vol. 36, n. 8 (jun. 1923), pp. 954–958.

112. Roscoe Pound, "The Need of a Sociological Jurisprudence", *The Green Bag*, out. 1907, pp. 612–613.

113. Barry Cushman, "Federalism", *The Cambridge Companion to the United States Constitution*, editado por Karen Orren e John W. Compton (Nova York: University of Cambridge Press, 2018), p. 216.

114. Herbert Croly, um importante autor progressista e o primeiro editor da revista *The New Republic*, lamentou o que ele chamou de "imutabilidade prática da Constituição". Herbert Croly, *The Promise of American Life* (Nova York: The Macmillan Company, 1912, 1909), p. 200.

115. Roscoe Pound, "The Theory of Judicial Decision. III. A Theory of Judicial Decision for Today", *Harvard Law Review*, vol. 36, n. 8 (jun. 1923), p. 946.

116. Roscoe Pound,"Mechanical Jurisprudence", *Columbia Law Review*, vol. 8, n. 8 (dez. 1908), p. 615.

117. Ibid., pp. 605, 609, 612.

118. Roscoe Pound, *Law and Morals*, pp. 55–56, 58; Roscoe Pound,"The Theory of Judicial Decision. III. A Theory of Judicial Decision for Today", *Harvard Law Review*, vol. 36, n. 8 (jun. 1923), pp. 950, 953.

119. Roscoe Pound,"Mechanical Jurisprudence", *Columbia Law Review*, vol. 8, n. 8 (dez. 1908), pp. 612, 614.

120. Godwin, Condorcet and some latter-day believers in that approach are quoted in Thomas Sowell, *A Conflict of Visions*, pp. 157–161, 197.

121. Louis D. Brandeis, "The Living Law", *Illinois Law Review*, vol. 10, n. 7 (fev. 1916), p. 462; John Dewey, *Human Nature and Conduct: An Introduction to Social Psychology* (Nova York: Henry Holt and Company, 1922), pp. 18–19, 46; Roscoe Pound, "Review: *The Principles of Anthropology and Sociology in Their Relation to Criminal Procedure* by Maurice Parmelee", *American Political Science Review*, vol. 3, n. 2 (maio 1909), pp. 283–284.

122. Veja Fred P. Graham, "High Court Puts New Curb on Powers of the Police to Interrogate Suspects", *New York Times*, 14 jun. 1966, pp. 1, 25.

123. Sidney E. Zion, "Attack on Court Heard by Warren", *New York Times*, 10 set. 1965, pp. 1, 38.

124. Escritório do Censo dos EUA, *Historical Statistics of the United States*, Part 1, p. 414.

125. Ibid.; Escritório do Censo dos EUA, *Statistical Abstract of the United States: 1980* (Washington: Government Printing Office, 1980), p. 186.

126. Veja Escritório do Censo dos EUA, *Statistical Abstract of the United States: 1982–83* (Washington: Government Printing Office, 1982), p. 178.

127. Presidente da Suprema Corte Earl Warren, *The Memoirs of Earl Warren* (Garden City, Nova York: Doubleday and Company, Inc., 1977), p. 317. Essa não foi uma reação apenas do presidente da Suprema Corte Earl Warren. Já no século XVIII, Edmund Burke observou um padrão semelhante entre alguns de seus contemporâneos: "Eles nunca tiveram nenhum tipo de sistema certo ou errado, apenas inventavam esporadicamente alguma história miserável para o dia, a fim de se esquivarem das dificuldades nas quais haviam se enfiado com muito orgulho." Edmund Burke, *Speeches and Letters on American Affairs* (Londres: J.M. Dent and Sons, Ltd., 1961), p. 8.

128. F. A. Hayek, *The Constitution of Liberty*, p. 30.

CAPÍTULO 5: PALAVRAS, AÇÕES E PERIGOS

1. Lionel Trilling, *The Liberal Imagination: Essays on Literature and Society* (Garden City, Nova York: Anchor Books, 1953), pp. 214–215.

2. Milton e Rose Friedman, *Free to Choose: A Personal Statement* (Nova York: Harcourt Brace Jovanovich, 1980), p. 146. [Obra disponível em português com o título *Liberdade para Escolher*.]

3. Friedrich Hayek, *Law, Legislation and Liberty: A New Statement of the Liberal Principles of Justice and Political Economy*, vol. II: *The Mirage of Social Justice* (Chicago: University of Chicago Press, 1976), p. 64.

4. Ibid., p. 95; Veja, também, pp. 64, 75, 79; Friedrich Hayek, *Law, Legislation and Liberty: A New Statement of the Liberal Principles of Justice*

and Political Economy, vol. I: *Rules and Order* (Chicago: University of Chicago Press, 1973), p. 27.

5. Friedrich Hayek, *Law, Legislation and Liberty*, vol. II: *The Mirage of Social Justice*, p. 64. [Obra disponível em português com o título *Direito, Legislação e Liberdade.*]
6. Robert C. Nichols, "Heredity, Environment, and School Achievement", *Measurement and Evaluation in Guidance*, vol. 1, n. 2 (jun.-ago. 1968), p. 126.
7. Alan Reynolds, *Income and Wealth* (Westport, Connecticut: Greenwood Press, 2006), p. 67.
8. "Choose Your Parents Wisely", *The Economist,* 26 jul. 2014, pp. 21–22, 25.
9. Friedrich Hayek, *Law, Legislation and Liberty*, vol. I: *Rules and Order*, Capítulo 2.
10. Veja, por exemplo, Thomas Sowell, *The Quest for Cosmic Justice* (Nova York: The Free Press, 1999).
11. Friedrich Hayek, *Law, Legislation and Liberty,* vol. II: *The Mirage of Social Justice*, p. 68.
12. Roscoe Pound, *Criminal Justice in the American City: A Summary* (The Cleveland Foundation, 1922), Parte VII, pp. 28–29, 87–88; Roscoe Pound, "The Theory of Judicial Decision. III. A Theory of Judicial Decision for Today", *Harvard Law Review,* vol. 36, n. 8 (jun. 1923), pp. 944, 945, 957; John Dewey, *Human Nature and Conduct: An Introduction to Social Psychology* (Nova York: Henry Holt and Company, 1922), p. 46.
13. Edmund Burke, *Speeches and Letters on American Affairs* (Nova York: E.P. Dutton and Company, Inc., 1961), p. 198.
14. Milton e Rose Friedman, *Free to Choose*, p. 148.
15. Friedrich Hayek, *Law, Legislation and Liberty,* vol. II: *The Mirage of Social Justice*, p. 67.
16. William Godwin, *Enquiry Concerning Political Justice, and Its Influence on Morals and Happiness*, editado por F.E.L. Priestley (Toronto: University of Toronto Press, 1946), vol. II, p. 419.
17. Bernard Shaw, *The Intelligent Woman's Guide to Socialism and Capitalism* (Londres: Constable and Company, 1928), p. 254.

18. Ibid., p. 169.

19. Ken Murray, "Genetics, Athletics Mesh for Mannings", *Baltimore Sun*, 12 dez. 2004, p. 1D.

20. *Public Papers of the Presidents of the United States, Barack Obama: 2013* (Washington: United States Government Publishing Office, 2018), Livro II, p. 1331.

21. Herman Kahn, *World Economic Development: 1979 and Beyond* (Boulder, Colorado: Westview Press, 1979), pp. 60–61.

22. "Operation Wealth Speed", *Forbes*, abr.-mai. 2021, p. 72.

23. Jonathan I. Israel, *European Jewry in the Age of Mercantilism: 1550–1750* (Oxford: Clarendon Press, 1985), pp. 5–23.

24. Victor Purcell, *The Chinese in Southeast Asia*, 2ª edição (Londres: University of Oxford Press, 1965), pp. 404n, 472–476, 478, 526–527; Lennox A. Mills, *Southeast Asia: Illusion and Reality in Politics and Economics* (Minneapolis: University of Minnesota Press, 1964), p. 123; J.A.C. Mackie, "Anti-Chinese Outbreaks in Indonesia, 1959–68", *The Chinese in Indonesia*, editeado por J.A.C. Mackie (Honolulu: University of Hawaii Press, 1976), pp. 82–83, 92.

25. "Is Africa Ready for Amin?", *Newsweek*, 4 ago. 1975, pp. 36, 41; Roger Mann, "Amin Buys Loyalty of Soldiers", *Washington Post,* 6 abr. 1977, p. A13; Steven Strasser, Helen Gibson e Ron Moreau, "The Fall of Idi Amin", *Newsweek*, 23 abr. 1979, pp. 41–42; Pranay B. Gupte, "Picking Up the Pieces in Uganda Is Not Easy", *New York Times*, 1 jun. 1980, p. E2.

26. Sean Turnell, *Fiery Dragons: Banks, Moneylenders and Microfinance in Burma* (Copenhagen: NIAS Press, 2008), pp. 13–14, 49; Ian Brown, *Burma's Economy in the Twentieth Century* (Nova York: University of Cambridge Press, 2013), pp. 96–97.

27. "Is Africa Ready for Amin?", *Newsweek*, 4 ago. 1975, pp. 36, 41; Roger Mann, "Amin Buys Loyalty of Soldiers", *Washington Post,* 6 abr. 1977, p. A13; Steven Strasser, Helen Gibson e Ron Moreau, "The Fall of Idi Amin", *Newsweek*, 23 abr. 1979, pp. 41–42; Pranay B. Gupte, "Picking Up the Pieces in Uganda Is Not Easy", *New York Times*, 1 jun. 1980, p. E2.

28. Sean Turnell, *Fiery Dragons*, p. 193. Veja, também, Usha Mahajani, *The Role of Indian Minorities in Burma and Malaya* (Westport, Connecticut: Greenwood Press, 1973), p. 20.

29. Victor Purcell, *The Chinese in Southeast Asia*, 2ª edição, pp. 513–515.
30. Solomon Grayzel, *A History of the Jews: From the Babylonian Exile to the End of World War II* (Philadelphia: The Jewish Publication Society of America, 1947), pp. 387–394; Esther Benbassa, *The Jews of France: A History from Antiquity to the Present,* traduzido por M.B. DeBevoise (Princeton: University of Princeton Press, 1999), pp. 15–16, 20–21; H.H. Ben-Sasson, "The Collapse of Old Settlements and the Establishment of New Ones, 1348–1517", *A History of the Jewish People*, editado por H.H. Ben-Sasson (Londres: Weidenfeld and Nicolson, 1976), pp. 561–565.
31. Roger P. Bartlett, *Human Capital: The Settlement of Foreigners in Russia, 1762–1804* (Nova York: University of Cambridge Press, 1979), pp. 35, 86–88.
32. Ibid., p. 87.
33. John Stuart Mill, "On Liberty", *Collected Works of John Stuart Mill*, Vol. XVIII: *Essays on Politics and Society*, editado por J.M. Robson (Toronto: University of Toronto Press, 1977), p. 245.
34. Veja Rob Arnott e Casey B. Mulligan, "How Deadly Were the Covid Lockdowns?", *Wall Street Journal*, 12 jan. 2023, p. A15; Casey B. Mulligan e Robert D. Arnott, "The Young Were Not Spared: What Death Certificates Reveal about Non-Covid Excess Deaths", *Inquiry*, vol. 59 (2022), pp. 1–9; Jiaquan Xu et al., "Mortality in the United States, 2021", *NCHS Data Brief*, n. 456, dez. 2022, Figura 4, p. 4.
35. Edmund Burke, *Speeches and Letters on American Affairs*, p. 198.
36. Escritório do Censo dos EUA, "Poverty Status of Families, by Type of Family, Presence of Related Children, Race, and Hispanic Origin: 1959 to 2020", *Current Population Survey 1960–2021*, Annual Social and Economic Supplements (CPS ASEC), Tabela 4.
37. Terry M. Moe, *Special Interest: Teachers Unions and America's Public Schools* (Washington: Brookings Institution Press, 2011), p. 280.
38. Stephan Thernstrom e Abigail Thernstrom, *America in Black and White: One Nation, Indivisible* (Nova York: Simon & Schuster, 1997), p. 233.
39. Ibid.
40. Hugh Davis Graham, "The Origins of Affirmative Action: Civil Rights and the Regulatory State", *The Annals of the American Academy of Political and Social Science*, vol. 523 (set. 1992), pp. 53–54.

41. Veja, por exemplo, Shelby Steele, *The Content of Our Character: A New Vison of Race in America* (Nova York: St. Martin's Press, 1990); Shelby Steele, *White Guilt: How Blacks and Whites Together Destroyed the Promise of the Civil Rights Era* (Nova York: HarperCollins, 2006).

42. Shelby Steele, *White Guilt,* p. 123.

43. Ibid., p. 124.

44. Stephan Thernstrom e Abigail Thernstrom, *America in Black and White*, pp. 158–161.

45. James P. Smith e Finis Welch, *Race Differences in Earnings: A Survey and New Evidence* (Santa Mônica, Califórnia: The Rand Corporation, 1978), pp. 15, 19. Veja, também, p. 14.

46. "Civil Rights Act", *New York Times*, 5 jul. 1964, p. E1.

47. Daniel P. Moynihan, "Employment, Income, and the Ordeal of the Negro Family", *Daedalus*, vol. 94, n. 4 (set.-nov. 1965), p. 752.

48. Stephan Thernstrom e Abigail Thernstrom, *America in Black and White*, p. 150; *Congressional Record: Senate*, 19 jun. 1964, p. 14511; E.W. Kenworthy, "Action by Senate: Revised Measure Now Goes Back to House for Concurrence", *New York Times*, 20 jun. 1964, p. 1; *Congressional Record: House*, 2 jul. 1964, p. 15897; "House Civil Rights Vote", *New York Times*, 3 jul. 1964, p. 9; E.W. Kenworthy, "President Signs Civil Rights Bill", *New York Times*, 3 jul. 1964, pp. 1, 9; *Statistics of the Congressional Election of November 6, 1962* (Washington: United States Government Printing Office, 1963), p. 46; William Anderson, "Predicts G.O.P. Will Capture House in 1964", *Chicago Daily Tribune*, 20 nov. 1962, p. 8.

49. Para exemplos documentados, veja Thomas Sowell, *Affirmative Action Around the World: An Empirical Study* (New Haven: University of Yale Press, 2004), pp. 11, 13, 26–27, 30–34, 61–63, 69, 120–122.

50. Ibid., p. 32.

51. Ibid., pp. 12–13, 30, 33–34, 121–122.

52. Ibid., pp. 12–13, 120–121.

53. John H. Bunzel,"Affirmative-Action Admissions: How It "Works" at UC Berkeley", *The Public Interest*, set.-nov. 1988, p. 124; Centro Nacional de Estatísticas Educacionais, *The Condition of Education: 1996* (Washington: U.S. Government Printing Office, 1996,) p. 86.

54. John H. Bunzel,"Affirmative-Action Admissions: How It "Works" at UC Berkeley", *The Public Interest*, set.-nov. 1988, p. 125.
55. Richard H. Sander e Stuart Taylor, Jr., *Mismatch: How Aff irmative Action Hurts Students It's Intended to Help, and Why Universities Won't Admit It* (Nova York: Basic Books, 2012), pp. 138, 153, 154.
56. Ibid., p. 154.
57. Ibid.
58. Arthur Hu, "Minorities Need More Support", *The Tech* (MIT), mar. 17, 1987, pp. 4, 6.
59. Robert Lerner e Althea K. Nagai, *Racial and Ethnic Preferences in Admissions at Five Public Medical Schools* (Washington: Center for Equal Opportunity, 2001), pp. 12, 34–36, 51–52, 71–73, 81–83.
60. Richard H. Sander e Stuart Taylor, Jr., *Mismatch*, p. 231.
61. Ibid., pp. 237–244; Gail Heriot, "A Dubious Expediency", *A Dubious Expediency: How Race Preferences Damage Higher Education*, editado por Gail Heriot e Maimon Schwarzschild (Nova York: Encounter Books, 2021), pp. 73–75.
62. Veja, por exemplo, Stephan Thernstrom e Abigail Thernstrom, "Reflections on *The Shape of the River*", *UCLA Law Review*, vol. 46, n. 5 (jun. 1999), pp. 1588–1590.
63. Richard H. Sander e Stuart Taylor, Jr., *Mismatch*, pp. 106, 236.
64. Stephan Thernstrom e Abigail Thernstrom, "Reflections on *The Shape of the River*", *UCLA Law Review*, vol. 46, n. 5 (jun. 1999), pp. 1583–1631; Richard H. Sander e Stuart Taylor, Jr., *Mismatch*, pp. 106–107, 236–237; Thomas Sowell, *Wealth, Poverty and Politics*, edição revisada e ampliada (Nova York: Basic Books, 2016), pp. 200–203.
65. Merrill Sheils et al., "Minority Report Card", *Newsweek*, 12 jul. 1976, pp. 74–75; Bernard D. Davis, "Academic Standards in Medical Schools", *New England Journal of Medicine*, 13 mai. 1976, pp. 1118–1119; J.W. Foster, "Race and Truth at Harvard", *The New Republic*, 17 jul. 1976, pp. 16–20. Um exemplo do que o professor Davis alertou foi o Dr. Patrick Chavis, que havia sido admitido em um programa de concessão de prioridade para minorias na faculdade de medicina da University of California em Davis. Richard H. Sander e Stuart Taylor, Jr., *Mismatch*, p. 195.
66. Thomas Sowell, *A Man of Letters* (Nova York: Encounter Books, 2007), p. 118.

67. Ibid., p. 107; Thomas Sowell, *A Personal Odyssey* (Nova York: The Free Press, 2000), pp. 202–203.

68. Gail Heriot, "A Dubious Expediency", *A Dubious Expediency,* editado por Gail Heriot e Maimon Schwarzschild, pp. 46–50, 274–275; Robin Wilson, "Article Critical of Black Students' Qualifications Roils Georgetown U. Law Center", *Chronicle of Higher Education*, 24 abr. 1991, pp. A33, A35.

69. Richard H. Sander e Stuart Taylor, Jr., *Mismatch*, pp. 158–162.

70. Eric Kelderman, "College Presidents Created a Money Monster. Now Will They Tame It?", *Chronicle of Higher Education*, vol. 68, Edição 12 (18 fev. 2022), p. 7; Bill Saporito, "The NCAA Keeps Running Plays Against Pay for Student-Athletes", *Washington Post*, 25 mai. 2023, p. A19.

71. De acordo com o *Chronicle of Higher Education*, "cerca de metade dos atletas desses esportes da Divisão I são negros." Nas faculdades em que 2,4% da população de alunos de graduação eram homens negros, "55% deles estavam nos times de futebol e 56% estavam nos times de basquete masculino". Victoria Jackson, "The NCAA's Farcical Anti-Athlete Argument: The Real 'March Madness' Is the Organization's Work to Deprive Athletes of More Educational Resources", *Chronicle of Higher Education*, vol. 67, Edição 16 (16 abr. 2021).

72. Alguns dos incentivos, restrições e padrões em instituições acadêmicas são abordados em Thomas Sowell, *Economic Facts and Fallacies*, 2ª edição (Nova York: Basic Books, 2011), Capítulo 4. Brad Wolverton, "NCAA Considers Easing Demands on Athletes' Time", *Chronicle of Higher Education*, vol. 62, Edição 18 (15 jan. 2016); Marc Tracy, "N.C.A.A. Declines to Punish North Carolina for Academic Fraud", *New York Times*, 14 out. 2017, p. D1. Um relato mais antigo sugere que esse tipo de coisa vem ocorrendo há gerações. Thomas Sowell, *Inside American Education: The Decline, the Deception, the Dogmas* (Nova York: Free Press, 1993), Capítulo 9.

73. Richard H. Sander e Stuart Taylor, Jr., *Mismatch*, pp. 220–230.

74. Departamento de Saúde e Serviços Humanos dos EUA, *Health, United States, 2006* (Hyattsville, Maryland: National Center for Health Statistics, 2007), Tabela 45, p. 228; Barry Latzer, *The Rise and Fall of Violent Crime in America* (Nova York: Encounter Books, 2016), p. 93.

75. [Daniel Patrick Moynihan,] *The Negro Family: The Case for National Action* (Washington: Government Printing Office, 1965), p. 8; Cen-

tros de Controle e Prevenção de Doenças, Departamento de Saúde e Serviços Humanos dos EUA, "Births: Final Data for 2000", *National Vital Statistics Reports*, vol. 50, n. 5 (12 fev. 2002), Tabela 19, p. 49.

76. Thomas Sowell, *Affirmative Action Around the World*, pp. 12–13, 30, 33–34, 61–63, 69.

77. Ibid., pp. 13, 120–122.

78. Reginald G. Damerell, *Education's Smoking Gun: How Teachers Colleges Have Destroyed Education in America* (Nova York: Freundlich Books, 1985), p. 164.

79. Leonard Buder, "Board Asks Defeat of a Bill Retaining 4 Specialized Schools' Entrance Tests", *New York Times*, 17 mai. 1971, p. 26.

80. Maria Newman, "Cortines Has Plan to Coach Minorities into Top Schools", *New York Times*, 18 mar. 1995, p. 1.

81. Fernanda Santos, "Black at Stuy", *New York Times*, 26 fev. 2012, Metropolitan Desk, p. 6.

82. Donald Harman Akenson, "Diaspora, the Irish and Irish Nationalism", *The Call of the Homeland: Diaspora Nationalisms, Past and Present*, editado por Allon Gal et al. (Leiden: Brill, 2010), pp. 190–191; Michael Ornstein, *Ethno-Racial Inequality in the City of Toronto: An Analysis of the 1996 Census* (Toronto: Access and Equity Unit, City of Toronto, 2000), p. ii.

83. Milton Friedman, "Asian Values: Right..." *National Review*, 31 dez. 1997, pp. 36–37; Alex Singleton, "Creating a Showplace of Free Markets: Sir John Cowperthwaite", *Fraser Forum*, out. 2006, pp. 23–24; William McGurn, "Yes, Minister", *Far Eastern Economic Review*, 31 mar. 1994, p. 29.

84. "Relax, Mr. Lee", *The Economist*, 16 jan. 1988, p. 20; "The Wise Man of the East", *The Economist*, 28 mar. 2015, p. 18; Chun Han Wong e P.R. Venkat, "Singapore's Lee Set Model for Emerging Economies", *Wall Street Journal*, 23 mar. 2015, p. A1; Daniel Yergin e Joseph Stanislaw, *The Commanding Heights: The Battle for the World Economy* (Nova York: Touchstone, 2002), pp. 164–168, 183–184.

85. Ethan Epstein, "Democracy, Gangnam-Style", *The Weekly Standard*, 17 dez. 2012, pp. 23–26; David Ekbladh, "How to Build a Nation", *The Wilson Quarterly*, vol. 28, n. 1 (dez.-fev. 2004), pp. 19–20; Norman Pearsltine, "How South Korea Surprised the World", *Forbes*, 30 abr. 1979, pp. 53 ff.

86. Gurcharan Das, "India Unbound", *The American Spectator,* edição de leitura do verão de 2001, pp. 36–38; Rakesh Mohan, "India at the Crossroads", *Far Eastern Economic Review,* 2 mar. 2000, p. 34.

87. "Capitalism with Chinese Characteristics", *The Economist,* 28 nov. 1992, pesquisa especial sobre a China, pp. 6–8; "Enter the Dragon", *The Economist,* 10 mar. 2001, pp. 23–25; "The Fruits of Growth", *The Economist,* 2 jan. 2021, pp. 28–29.

88. Oliver Wendell Holmes, *Collected Legal Papers* (Nova York: Peter Smith, 1952), p. 293.

89. Paul Johnson, *The Quotable Paul Johnson: A Topical Compilation of His Wit, Wisdom and Satire*, editado por George J. Marlin et al. (Nova York: Farrar, Strauss and Giroux, 1994), p. 138.

ÍNDICE

E

F

G

H

I

Q

R

S

T

U

V

W

Impressão e Acabamento | Gráfica Viena
www.graficaviena.com.br